北语对外汉语精版教材

速成汉语基础教程

Chinese Crash Course
(Third Edition)

主　编：杨惠元

副主编：李德钧　韩　梅　游锋华

Integrated Textbook

综合课本
(第3版)

3

©2021北京语言大学出版社，社图号21072

图书在版编目（CIP）数据

速成汉语基础教程：综合课本.3/杨惠元主编
.—3版.—北京：北京语言大学出版社，2021.9（2024.8重印）
北语对外汉语精版教材
ISBN 978-7-5619-5899-5

Ⅰ.①速… Ⅱ.①杨… Ⅲ.①汉语—对外汉语教学—教材 Ⅳ.①H195.4

中国版本图书馆CIP数据核字（2021）第132191号

速成汉语基础教程·综合课本3（第3版）
SUCHENG HANYU JICHU JIAOCHENG · ZONGHE KEBEN 3 (DI 3 BAN)

排版制作：	华伦图文制作中心
责任印制：	邝 天

出版发行：	北京语言大学出版社
社　　址：	北京市海淀区学院路15号，100083
网　　址：	www.blcup.com
电子信箱：	service@blcup.com
电　　话：	编辑部　8610-82303395
	发行部　8610-82303650/3591/3648
	北语书店　8610-82303653
	网购咨询　8610-82303908
印　　刷：	北京市金木堂数码科技有限公司

版　　次：	1996年1月第1版　2007年9月第2版　2021年9月第3版
印　　次：	2024年8月第2次印刷
开　　本：	787毫米×1092毫米　1/16　印　张：11.25
字　　数：	158千字
定　　价：	56.00元

PRINTED IN CHINA

第3版前言

《速成汉语基础教程·综合课本》（第3版）是《速成汉语初级教程·综合课本》（北京语言文化大学出版社，1996）和《速成汉语基础教程·综合课本》（北京大学出版社，2007）的修订版。在修订过程中，我们努力保持原教材的优势和特色：

1. 全套8册共出词语3600多个，基本涵盖了外国留学生在中国学习、生活的常用词汇。因此，学习本教程的学生可提高使用汉语进行实际交际的能力。

2. 课文内容实用有趣，学生爱学、易学。原版教材筛选和安排了贴近学生生活的、学了就能用的话题，这样的内容学生喜欢学、愿意学。大部分课文语言风趣幽默，能够引起学生的学习兴趣，激发他们的学习积极性。

3. 语法点的讲解基本采用归纳法。由于课文编写不受语法点的绝对限制，允许冒出新的语法点，所以编写的课文语言自然、流畅。多年的教学经验证明，我们对成人的汉语教学，应先使他们对语言现象有真切的感性认识，然后到一定阶段再进行归纳总结，帮助他们上升到理性认识，这样做符合第二语言教学的规律。

4. 第3版的练习保持了前两版"语音 → 词语 → 句型 → 功能 → 成段表达 → 篇章结构 → 阅读理解"一条龙的练习模式。练习大多紧紧围绕当课的生词、课文和语法点，针对当课的重点和难点，为教师组织课堂教学以及对学生进行语言技能乃至语言交际技能的训练服务。

在广泛征求教材使用者意见的基础上，我们进行了修订，使教材进一步完善。我们替换了内容过时的课文，删去了不常用的生词，增加了使用频率高的新词。为方便教学，我们增加了一些练习，把原有的练习调整为课堂练习和家庭作业两个部分，这样课上课下既分工又合作。我们以课堂练习为主，家庭作业为辅。家庭作业既可以是课堂教学的弹性内容，也可以作为第二天课上复习、检查的内容。

修订这套教材，我们总的指导思想是：以语音、词汇、语法、汉字等语言要素的教学为基础，通过课堂教学，帮助学生把语言要素转化为语言技能，进而转化为语言交际技能。为此，我们提出以下教学建议：

1. 语音是学生语言能力的门面，也是对外汉语教学的难点之一，所以我们保留了语音集中教学的前10课，在其他各课中仍然进行分散的语音训练，希望教师根据学生的发音问题，有选择、有重点、有针对性地进行语音训练。特别是声调的练习，我们特意将"定调音节"的练习延伸到第四册。因为汉语词大部分是双音节词，掌握了双音节的声调，就等于掌握了大部分汉语词的声调。双音节声调搭配总共只有20个，我们选了20个双音节作为定调标准。掌握了这20个双音节的声调，以后学生出现声调错误时，用定调音节提示一下，他们便可自行改正。练习中的"朗读定调音节"在第一册前9课是朗读拼音，第一册第十课以后过渡为朗读汉字。

2. 第一册的重点虽然是语音训练，但教师在突出听说训练的同时，也要重视汉字的认读和书写练习，帮助学生打好汉字基础。第一、二册各课后都附有"汉字表"，为了简明，我们删去了"繁体"一栏（如有必要，另出版繁体字版），保留了笔画笔顺和构成合体字的拆分部件两个部分。

3. 第二册到第八册的重点是词语教学，教师要帮助学生全面掌握好词语的"音、形、义、用"。每课生词表里的生词包括课文中的生词和练习中的生词。按照北语的教学模式，教师应该要求学生课前预习好生词，基本掌握词语的"音"和"义"。课堂练习的重点是词语的"音、义、用"，特别是词语的搭配和活用。词语的"形"可让学生通过家庭作业掌握。

4. 离合词是汉语特有的语言现象，且大多是动词。在前两版中，有的作为词组处理，不标注词性，汉语拼音分写；有的作为词处理，标注动词，汉语拼音连写。本次修订统一作为词，标注词性，汉语拼音连写。因为特殊，学生难于掌握，常常用错，所以在教学中教师要重视离合词的讲练。

5. 本教程是为外国留学生编写的，生词表中有个别生词的拼音标的是变调

（包括轻声），而没有采用《现代汉语词典》（第7版）标注的本调。这样，他们学习和使用起来比较贴近生活。离合词的拼音连写也是基于这一理念。

6. 汉语普通话是以北京语音为标准音，以北方话为基础方言的。我们本着这一原则处理儿化音，根据北京语音在需要儿化的词语后都加了"儿"，以方便学生学习地道的汉语普通话。

7. 语法讲解从结构入手，不追求系统性，力求简单明白，重视语义和语用功能的说明。教师可通过图片、动作、视频等各种直观手段展示语法点，再进行机械练习，最后落实到活用上，使学生置身于语言交际情境中，而不是语法术语和概念中。

8. 课文以话题为中心，为学生提供交际的模式。第一册到第四册的重点是关于学习、生活方面的交际，从第五册开始，话题逐渐向社会交际过渡，增加介绍中国国情、中国人的观念习俗等文化方面的内容。教师要尽量引导学生以课文为范本，说他们自己想说而不会说的话，以此训练学生的汉语思维能力，开发他们的语言潜能，提高交际能力。

9. 本教程逢五逢十的课设计了"功能会话"练习，意在突出"结构与功能相结合"的原则。"功能会话"练习与当课关系不是很紧密，但有一定的概括性。

10. 教师可多采用任务教学法，给学生布置各种交际任务，多组织课堂活动，要求学生使用语言完成交际任务，在交际中学习语言，强化他们学习语言的成就感，激发他们的学习积极性。

编　者
2021年3月

Preface for the Third Edition

Chinese Crash Course: Integrated Textbook (Third Edition) is the revised version of the first edition (*Short Term Intensive Elementary Chinese*, 1996, Beijing Language and Culture University Press) and the second edition (*Speed-up Chinese: Integrated Textbook*, 2007, Peking University Press). It is with the following advantages and features reserved:

1. With a vocabulary over 3,600, the textbooks cover the useful and common vocabulary for foreign students to study and live in China. After learning this course, students are expected to improve their language proficiency in Chinese communication.

2. The materials we used are student-centered, practical and interesting. The unrevised version provided students with materials from daily life, which can be put into practice immediately after class. The language of texts has a fine sense of humor, in which we believe students would be highly motivated in their language acquisition.

3. We apply inductive method to elaborate the grammar points. We have briefly dealt with the most frequently used grammatical rules and explained them in as non-technical a way as possible. New grammar points are not strictly confined to certain text since long-year teaching experience shows that for adult-learners, a general impression for the language will help them form a stronger foundation for their language learning.

4. The training mode of "pronunciation→words and phrases→sentence patterns→function→expressions in paragraph→discourse structure→reading comprehension" keeps unchanged in the third edition. The exercises are closely related to the text. The key grammar points are highlighted in the exercises. It is designed

to assist teachers to organize in-class activities and consolidate the students' in-class acquisition.

We revised the textbooks based on the suggestions of textbook users. Outdated texts were changed, uncommonly used words were deleted, and new frequently used words were added. For the teachers' convenience, we replenished some exercises, and divided the original exercises into in-class exercises and homework. Thus, in-class exercises and homework have cooperation and division, mainly in-class exercises and homework as a supplement. Homework can be used as the flexible content for class teaching, some can be used for reviewing and examining on the second day.

Our guideline for this revision is to integrate phonetics, vocabulary, grammar and Chinese characters into the textbook and by the designed in-class activities, learners are able to transfer what is in the text into daily use and hence they can improve their language skills. To achieve this goal, we propose the following suggestions for teachers:

1. Pronunciation is a key and difficulty for language learners. Accordingly, we reserve the first ten lessons with the focus on pronunciation drills. Pronunciation drills are also distributed in each lesson. We hope that pronunciation drills can be varied according to students' pronunciation problems. Especially tones' practice, we intentionally extended the exercise of "Read aloud the syllables and pay attention to the tones" to the fourth volume. Most of Chinese words are disyllabic, mastering the tones of disyllabic words equates to mastering the tones of most of Chinese words. There are only 20 disyllabic tonal collocations, we selected the 20 syllables as the tone standard. When students make tonal mistakes, the tones of the 20 syllables can be used as a reference for them to correct. "Read aloud the syllables and pay attention to the tones" in lesson 1 to lesson 9 of the first volume is to read aloud the Pinyin, and from lesson 10 of the first volume on, this exercise is gradually transiting to read aloud Chinese characters.

2. Though the first volume focuses on pronunciation drills, Chinese characters

should also be involved in class. Teachers should help the students lay a good foundation of Chinese characters. "Table of Chinese characters' order of strokes" are attached in the first and second volumes. We deleted the column of "traditional Chinese characters" (traditional Chinese characters version can also be published if necessary), and reserved the columns of strokes, order of strokes and components of composite Chinese characters.

3. From the second volume to the eighth volume, the emphasis is on vocabulary. The glossary in each lesson includes new words in the text and exercises. According to "Beiyu mode", students are required to preview the new words before class, and have a basic command of "pronunciation" and "meaning" of the new words. The key of in-class practice is "pronunciation, meaning, use" of the words, especially the collocation and variation of the words. "Form" of the words can be practiced through homework.

4. Segregatory words are special language phenomena in Chinese, most of them are verbs. They are regarded as phrases in the first and second editions, and separately writing of Chinese Pinyin; some of them are regarded as words, parts of speech tagging as verbs, and continuously writing of Chinese Pinyin. In this version, segregatory words are regarded as words, parts of speech tagging as verbs, and continuously writing of Chinese Pinyin. Because its difficulty, teachers should pay attention to the practice of segregatory words for avoiding students' mistakes.

5. The course is compiled for foreign students, so some Pinyin of the new words are marked modified tones (including neutral tone), not the original tone in *Modern Chinese Dictionary (7th Edition)*. Thus, the students can smoothly learn and use Chinese language in daily life. Continuously writing of Chinese Pinyin of segregatory words is also base on the same principle.

6. Beijing pronunciation is the standard pronunciation of Putonghua, and the northern dialect is its basic dialect. According to this principle, we put "er" on the R-pronounced Words, for the students to learn authentic Chinese.

7. Teachers are expected to deal with the most frequently used grammatical rules

and explained them in as non-technical a way as possible. To achieve this, multi-media assistance, like pictures, body language and videos, can be used in class. In this way, students can be immersed in the language rather than lost in the grammatical jungle.

8. The texts are topic-centered and provide students with communication drills. The first volume to the fourth volume is mainly about campus life. From the fifth volume on, more social talks about Chinese culture, customs and ideas are involved. Teachers are expected to focus on the text and try to open students' mouths, improve their language ability and cultivate their language-learning potential.

9. "Functional conversations" is designed for this course every fifth or tenth lesson, with emphasis on "combining the linguistic structure with function". "Functional conversations" might be not closely related to the texts, but it is still a succinct summary.

10. Teachers can apply task-based approach in class and assign different communication tasks to students as much as possible. More in-class activities are strongly suggested. Hence, students are able to learn the language through communication and could be motivated by using the language.

Compilers
March, 2021

第1版前言

《速成汉语初级教程·综合课本》是为短期班零起点的外国学生编写的初级汉语教材（也可供长期班零起点的外国学生使用），教学时间为一个学期（20周），要求学生基本达到国内基础汉语教学一学年所达到的汉语水平。

速成教学时间短，要求高，只有实行"强化+科学化"的教学，才能成为最优化的教学。我们认为，速成教学的总体构想应该是：以掌握话题内容为教学的最低目的，以掌握话题模式为教学的最高目的，以掌握语法、功能为实现教学目的的具体措施和根本保障。因此，本教材的总体构想是：以话题为中心，以语法、功能为暗线，以全方位的练习为主体。

教材具体安排如下：共编80课，语音教学贯彻始终。1～10课突出语音（声母、韵母、声调），不涉及语法和功能；11～80课侧重于语法和功能，兼顾语音（难音、难调、重音、语调）。

编写课文时，我们慎重筛选和安排话题。有关生活、学习、交际方面的内容先出，介绍中国国情、中国人观念习俗的文化内容后出。其中，介绍中国国情的内容，以反映社会积极因素为主，但也有个别课文是反映社会消极因素的，避免脱离实际。课文内容的确定，均受一定语法点的制约，但又不捆得过死，注重语言的流畅性和趣味性。课文篇幅逐渐加长，但最长的不超过500字。

这套系列教材共出生词3400多个（专名未计算在内）。注音基本上以中国社会科学院语言研究所词典编辑室所编的《现代汉语词典》为依据，极个别的词参考了《汉语水平词汇与汉字等级大纲》。词性主要参考冯志纯等主编的《新编汉语多功能词典》。每课生词平均43个左右，只要求学生掌握本课重点词语。

语法点的选取主要依据国家对外汉语教学领导小组所编的《汉语水平等

级标准与语法等级大纲》。教材中涉及的语法点，甲级的除少数外全部出齐，乙级的出了大部分，丙级的也选取了一些。我们对少数语法点进行了调整，扩大了趋向补语、结果补语以及主谓谓语句的范围，增加了数量补语。语法难点分散出。对课文中出现的语法点，我们采取分别对待的处理方法：重点的语法点注释略多些，次重点的语法点注释从简，非重点的语法点不加注释，如连动句、兼语句等。语法点不是见一个注一个，基本上采取归纳法，并注意说明使用条件。

这套系列教材共选取100多个功能项目。这些功能项目都是学生最常见、最急用的。对这些功能项目也采取归纳法，而且是在逢五逢十的课中归纳。所归纳的功能项目只具有提示作用，在句型上不求全，教师上课时可根据教学实际情况适当补充。

我们所设计的练习是为教师备课、组织课堂教学、对学生进行技能训练服务的，说到底，是为提高学生的语言交际能力服务的。为此，我们采用了"语音→词语→句型→功能→成段表达→篇章结构→阅读理解"一条龙的练习模式。这些练习为帮助学生打好语音基础、实现从单句表达到成段表达的平稳过渡提供了可靠的保障。

我们的教材编写工作一直是在校领导和国家对外汉语教学领导小组办公室的大力支持下、在院领导的具体指导下、在学院同志的热情帮助下进行的。没有上上下下的通力合作，这套教材是编不出来的。

在教材编写过程中，我们召开过院内专家咨询会、校内专家咨询会，参加过合肥教材问题研讨会。与会专家对我们的教材初稿提出了许多宝贵意见，使我们的修改工作有了准绳。

在编写课文时，我们参考了校内外的有关教材，如韩鉴堂编的《中国文化》、赵洪琴等主编的《汉语写作》、刘德联等编的《趣味汉语》、吴晓露等主编的《说汉语谈文化》、潘兆明主编的《汉语中级听力教程》、吕文珍主编的《五彩的世界》等，从中受益匪浅。

在此，我们谨向有关领导、专家、同行和所有直接或间接帮助过我们的同志表示衷心的感谢。限于水平，教材的缺点和错误在所难免，恳请使用者给予批评指正。

编　者
1995年12月

Preface for the First Edition

Short Term Intensive Elementary Chinese is a Chinese language textbook designed for foreigners at elementary level in short term classes. It can, however, also be used for long term classes. The course covers one semester (20 weeks), students are expected to reach the basic level of one year regular Chinese language learning in China.

Intensive Chinese teaching requires "intensify + science". We think that the basic principle is: the minimum teaching aim is to master the topic contents, the maximum teaching aim is to master the topic mode, and the ultimate aim is to have a good command of grammar and function. In short, the overall design of the textbooks is centered on the topics, grammar and function as inherent clues, and accompanied with various exercises.

The textbooks consist of 80 texts and with pronunciation teaching throughout. Lesson 1 to Lesson 10 deals with pronunciation (initials, finals and tones), and without grammar and function involved. Lesson 11 to Lesson 80 focuses on grammar and function, with pronunciation involved (difficult syllables, tones, stress, and intonation).

Topics are carefully selected for compiling the texts. Topics from daily life are preferable, and then topics related to Chinese culture and customs. Positive aspects of Chinese society are highlighted, however, negative aspects are reserved for authenticity. The texts are restricted by grammar points in some extent, but language's fluency and interest are still pursued. The length of texts is added progressively, no more than 500 words.

The textbooks include over 3,400 words (excluding the proper nouns). Pronunciation is mostly based on *Contemporary Chinese Dictionary* compiled by dictionary department of Institute of Linguistics at Chinese Academy of Sciences. Some words are based on *Syllabus of Graded Words and Characters for Chinese Proficiency*. Parts of speech are mainly based on *The Newly Compiled Chinese Multiple Functional Dictionary* chiefly compiled by Feng Zhichun and so on. Each text consists of about 43 new words, students are required to have a good command of key words and phrases.

Grammar points are basically selected according to *Chinese Proficiency Graded Standard and Grammar Syllabus* compiled by China National Office for Teaching Chinese as a Foreign Language. Most of grammar points of class-A are included, as well as those of class-B. Grammar points of class-C are also selected. We have adjusted some of the grammar points, and extended the scope of directional complement, resultative complement and clausal predicate sentence, etc. Quantitive complement is also added. We have interpreted the grammar points in different ways: key grammar points are explained in detail, less important grammar points are explained in brief, and non-key grammar points are omitted, for example, sentences with serial verbs and pivotal sentences, etc. The inductive method has been adopted, with explanations to the condition of usage.

Over 100 functional items have been selected in the textbooks, which are useful and practical. These items have been summarized every fifth and tenth lesson. Sentence patterns might not be all covered, teachers can replenish it according to their teaching needs.

The exercises have been designed for teachers' lesson preparation and classroom organization, as well as for students' skills training. In the long run, the exercises aim to improve students' communication skills. We adopted the exercises mode: "pronunciation→words and phrases→sentence patterns→function→expressions in paragraph→discourse structure→reading comprehension". The exercises can be helpful to lay a solid foundation in students' pronunciation and communication skills.

The textbooks have been supported by our university and China National Office for Teaching Chinese as a Foreign Language, as well as our colleagues. Without them, the textbooks cannot be published.

While compiling the textbooks, seminars among experts of our university and college were held. We also attended the conference in Hefei on textbooks. Those experts have given us many helpful suggestions, which are very useful and constructive.

Many textbooks have been used as reference. These books are: *Chinese Culture* (compiled by Han Jiantang), *Chinese Writing* (chiefly compiled by Zhao Hongqin and so on), *Interesting Chinese* (compiled by Liu Delian and so on), *Talking about Chinese Culture* (chiefly compiled by Wu Xiaolu and so on), *Chinese Intermediate Listening Course* (chiefly compiled by Pan Zhaoming), *The Colourful World* (chiefly compiled by Lyu Wenzhen).

We would like to express our sincere thanks to those who have given us direct or indirect help. Because of our limited knowledge, mistakes are inevitable, your suggestions are very much appreciated.

Compilers
December, 1995

第2版前言

《速成汉语基础教程·综合课本》是《速成汉语初级教程·综合课本》的修订版。在修订过程中，我们保持原教材的优势和特色：

1. 全书共出词语3600多个，基本涵盖了《汉语水平词汇与汉字等级大纲》中的甲、乙两级词汇，另有一部分丙级词和超纲词。学完本教程的学生有望通过较高等级的HSK考试。

2. 原教材选取了贴近学生生活、学了就能用的话题，这样的内容学生喜欢学、愿意学。课文语言自然流畅、风趣幽默，能够引起学生的学习兴趣，激发他们的学习积极性。

3. 原教材语法点的讲解基本采用归纳法，课文编写不受语法点的绝对限制，允许冒出新的语法点。多年的教学经验证明，对成年人的汉语教学，首先要使他们对各种语言现象形成真切的感性认识，到一定阶段再进行归纳总结，帮助他们上升到理性认识，这样才符合第二语言教学的规律。

4. 原教材设计的练习大都紧紧围绕课文和当课的语法点，针对当课的重点和难点，能够很好地为教师备课、组织课堂教学、对学生进行语言技能和语言交际技能的训练服务。

原教材使用了10多年，我们也发现一些问题，如有的内容过时，有的练习显得臃肿，有的语法点解释过于烦琐等。这次修订，我们做的主要工作如下：

1. 为学生使用方便，把原教材的四册拆分为八册。本教程是为短期班零起点的外国学生编写的基础汉语教材，原教材80课共四册，每册20课，课本厚，内容多，学生短期内学不完，所以不适合短期班学生选择使用。修订后每册10课，便于教学单位根据学生实际水平灵活选用。学生能够在短期内学完一册课本，也会很有成就感和满足感。

2. 与时俱进，替换了部分课文。原教材中有些过时的内容都已撤换，另外增加了一些新鲜的词语，如"网吧""上网""手机""短信""数码相机""MP3""电子邮件"等等。

3. 压缩了部分练习。原教材的练习丰富有效，但是受教学时间限制，课上不能全部完成，短期班学生又不宜留过多的家庭作业，因此我们精简了练习项目，有些内容移到了与之配套的《速成汉语基础教程·听说课本》中。

4. 精简了语法点的注释。为贯彻"强化词语教学，淡化句法教学"的原则，并且考虑到短期班学生不一定要掌握系统的语法，我们把原教材中过于烦琐的语法注释删去，以便于教师讲解和学生记忆。

修订这套教材，我们总的指导思想是：以语音、词汇、语法、汉字等语言要素的教学为基础，通过课堂教学，帮助学生把语言要素转化为语言技能，进而转化为语言交际技能。为此，我们提出以下教学建议：

1. 由于语音是学生语言能力的门面，也是对外汉语教学的难点之一，我们保留了作为语音集中教学阶段的前10课，同时在各课中仍然进行分散的语音训练，希望教师根据学生的发音问题，有选择、有重点地加强语音训练。

2. 第一册的重点虽然是语音训练，但教师在突出听说训练的同时，也要重视汉字的认读和书写练习，帮助学生打好汉字基础。

3. 第二册到第八册的重点是词语教学。每课生词表里的生词包括课文中的生词和练习中的生词，两部分生词同等重要。在教学中，我们希望教师带领学生完成课后的所有练习，并且重视词语的搭配和活用，帮助学生掌握好词语的音、形、义、用。

4. 语法讲解不追求系统性，力求简单明了，从结构入手，重视语义和语用功能的说明。教师可通过图片、动作、影像等各种直观手段展示语法点，再进行机械练习，最后落实到活用上，使学生置身于语言交际的情境中，而不是语法术语和概念中。

5. 课文以话题为中心，为学生提供交际的模式。第一册到第四册的重点是有关学习、生活方面的交际，从第五册开始逐渐向社会交际过渡，增加介绍中国国情、中国人的观念习俗等文化方面的内容。教师要尽量引导学生以课文为范本，说他们自己想说的话，以此训练学生的思维能力，开发他们的语言潜能，提高交际能力。

6. 教师可采用任务教学法，给学生布置各种交际任务，多组织课堂活动，要求学生使用语言完成交际任务，在交际中学习语言，强化他们学习语言的成就感，激发他们的学习积极性。

《速成汉语基础教程·综合课本》(1—8)(第2版)的主编为郭志良和杨惠元。在本教程的修订过程中，张志忠修改了部分插图，赵娅修改了部分语法注释的英文翻译，罗斌翻译了前言。

编　者

2007年2月

Preface for the Second Edition

Speed-up Chinese: Integrated Textbook is the revised version of *Short Term Intensive Elementary Chinese,* with the following advantages and features reserved:

1. With a vocabulary over 3,600, the textbooks cover class-A and class-B words of *Syllabus of Graded Words and Characters for Chinese Proficiency*. Words of class-C and higher are included as well. After learning this course, students are expected to pass the advanced level of HSK.

2. The materials we used are student-centered. The unrevised version provided students with materials from daily life, which can be put into practice immediately after class. In this way, we believe students would be highly motivated in their language acquisition.

3. We apply inductive method to elaborate the grammar points. We have briefly dealt with the most frequently used grammatical rules and explained them in as non-technical a way as possible. New grammar points are not strictly confined to certain text since long-year teaching experience shows that for adult-learners, a general impression for the language will help them form a stronger foundation for their language learning.

4. The exercises are closely related to the text. The key grammar points are highlighted in the exercises. It is designed to assist teachers to organize in-class activities and consolidate the students' in-class acquisition.

The unrevised version has been in use for over ten years. Great changes have been taken place in the world and also in Chinese language. To make the textbook adapt to the changes, we revised the book. For this revision, our main focuses are:

1. For the learners' convenience, we divided the original four volumes into eight.

The revised version targets at short-term beginners. The unrevised version includes 80 lessons distributed in four volumes, with each having 20 lessons. While the revised version has 10 lessons for each volume, it can better suit the needs of short-term beginners.

2. We keep our pace with the times and update the materials. New words, such as Internet café, surf online, cell-phone, text messages are added into the revised version.

3. We removed some of the exercises. The exercises in the unrevised version are abundant. In considering the short learning span, we cut some exercises to suit the short-term learners' needs. A portion of the exercises is transferred to the *Speed-up Chinese: Listening and Speaking*.

4. We simplified the notes and explanations for grammar points. For beginners, emphasis should be put on vocabulary rather than the sentences. We removed some lengthy and complex notes and simplified the explanation to meet the requirements of learners.

Our guideline for the revision is to integrate phonetics, vocabulary, grammar and characters into the textbook and by the designed in-class activities, learners are able to transfer what is in the text into daily use and hence they can improve their language skills. To achieve this goal, we proposed the following suggestions for teachers:

1. Pronunciation is a key to language learners' learning and communication success outside the classroom. Accordingly, we reserved the first ten lessons with the focus on pronunciation drills. Pronunciation drills are also distributed in each lesson. We hope that teachers can pay continuous attention to students' pronunciation.

2. Though the first volume focuses on pronunciation drills, Chinese characters should also be involved in class. Teachers should help the students lay a good foundation of Chinese characters.

3. From the second volume to the eighth volume, the emphasis is on vocabulary. The glossary in each lesson includes new words in the text and exercises. Teachers are expected to guide students to finish the exercises; meanwhile, the collocation and

variation of the words should also be emphasized.

4. Teachers are expected to deal with the most frequently used grammatical rules and explained them in as non-technical a way as possible. To achieve this, multi-media assistance, like pictures, body language and videos, can be used in class. In this way, students can be immersed in the language rather than lost in the grammatical jungle.

5. The texts are topic-centered and provided students with communication drills. Volume one to volume four is mainly about campus life. From volume five on, more social talks about Chinese culture, customs and ideas are involved. Teachers are expected to focus on the texts and try to open students' mouths, improve their language ability and cultivate their language-learning potential.

6. Teachers can apply task-based approach in class and assign different communication tasks to students. More in-class activities are strongly suggested. Hence, students are able to learn the language through communication and could be motivated by using the language.

Speed-up Chinese: Integrated Textbook (1—8) (Second Edition) is chiefly compiled by Guo Zhiliang and Yang Huiyuan. Zhang Zhizhong redrew some of the pictures, Zhao Ya revised the English grammar notes and Luo Bin translated the English preface.

Compilers
February, 2007

CONTENTS 目 录

第一课　咱们一点儿也没耽误 …………………………………… 001

- 一 课文　Text ………………………………………………… 001
- 二 生词　New words ………………………………………… 002
- 三 课堂练习　Exercises ……………………………………… 004
- 四 家庭作业　Homework …………………………………… 009
- 五 语法　Grammar …………………………………………… 011
- 六 注释　Notes ………………………………………………… 014

第二课　我特别喜欢夏天 ………………………………………… 015

- 一 课文　Text ………………………………………………… 015
- 二 生词　New words ………………………………………… 016
- 三 课堂练习　Exercises ……………………………………… 018
- 四 家庭作业　Homework …………………………………… 022
- 五 语法　Grammar …………………………………………… 024

第三课　你们真是买东西的行家 ………………………………… 027

- 一 课文　Text ………………………………………………… 027
- 二 生词　New words ………………………………………… 028
- 三 课堂练习　Exercises ……………………………………… 030
- 四 家庭作业　Homework …………………………………… 036
- 五 语法　Grammar …………………………………………… 038

第四课　有什么别有病 ·· 040

- 一　课文　Text ··· 040
- 二　生词　New words ·· 041
- 三　课堂练习　Exercises ·· 043
- 四　家庭作业　Homework ·· 049
- 五　语法　Grammar ·· 051

第五课　你的贺卡超重了 ·· 053

- 一　课文　Text ··· 053
- 二　生词　New words ·· 054
- 三　课堂练习　Exercises ·· 056
- 四　家庭作业　Homework ·· 061
- 五　语法　Grammar ·· 063

第六课　他喜欢东方文化 ·· 065

- 一　课文　Text ··· 065
- 二　生词　New words ·· 066
- 三　课堂练习　Exercises ·· 068
- 四　家庭作业　Homework ·· 072
- 五　语法　Grammar ·· 074

第七课　我也想多练习口语 ·· 075

- 一　课文　Text ··· 075
- 二　生词　New words ·· 076
- 三　课堂练习　Exercises ·· 078
- 四　家庭作业　Homework ·· 083
- 五　语法　Grammar ·· 084

第八课　帮我出个主意吧 ·· 089

　　一　课文　　Text ··· 089
　　二　生词　　New words ··· 090
　　三　课堂练习　Exercises ··· 092
　　四　家庭作业　Homework ·· 097
　　五　语法　　Grammar ··· 098

第九课　你的服务态度真好 ·· 100

　　一　课文　　Text ··· 100
　　二　生词　　New words ··· 101
　　三　课堂练习　Exercises ··· 103
　　四　家庭作业　Homework ·· 107
　　五　语法　　Grammar ··· 109

第十课　发给爸爸妈妈的邮件 ······································ 111

　　一　课文　　Text ··· 111
　　二　生词　　New words ··· 112
　　三　课堂练习　Exercises ··· 114
　　四　家庭作业　Homework ·· 119
　　五　语法　　Grammar ··· 122
　　六　注释　　Notes ··· 123

词汇总表　Glossary ··· 124
课堂练习和家庭作业参考答案　Key to exercises and homework ······ 133
语法索引（第2册—第3册）　Index of grammar
(Volume 2—Volume 3) ··· 147

Dì-yī kè 第一课 咱们一点儿也没耽误

一 课文 Text

（大内上子给方云天打电话）

大　内：喂，方云天吗？你做什么呢？
方云天：大内啊，我准备去踢足球。
大　内：看来你是个足球迷。
方云天：对，我非常喜欢足球。你找我有事儿吗？
大　内：有位朋友送我两张球票，我想请你跟我一起去。
方云天：哪两个队比赛？

大　内：北京队对上海队。
方云天：太好了！在哪儿赛？
大　内：工人体育场。今天晚上7点20分。
方云天：你从哪儿走？
大　内：我从友谊宾馆走，坐出租车去。你呢？
方云天：我坐公共汽车。
大　内：下午公共汽车很挤，你得早点儿走。
方云天：放心吧，我6点就走。
大　内：咱们在体育场门口见吧。
方云天：好的。

（晚上7点30分方云天在体育场北门找到了大内）

方云天：大内，你在这儿呢！什么时候到的？

大　内：差5分7点。你呢?

方云天：7点10分。我在南门到处找你，打电话你也没接。

大　内：对不起，是我没说清楚，我的手机没电了。哎呀，7点30了！咱们快进去吧。

（两个人在自己的座位上坐下）

方云天：（问身边的一位观众）请问，现在几比几?

观　众：0比0。

大　内：（对方云天）好极了，咱们一点儿也没耽误。

二 生词 New words

1. 咱们	（代）	zánmen	we (including both the speaker and listener)
2. 耽误	（动）	dānwu	to delay, to miss
3. 打电话		dǎ diànhuà	to call, to telephone
电话	（名）	diànhuà	telephone, phone
4. 喂	（叹）	wèi	hello
5. 踢	（动）	tī	to kick
6. 足球	（名）	zúqiú	soccer, football
球	（名）	qiú	ball
7. 看来	（动）	kànlái	it seems, it looks as if
8. ……迷		…mí	fan
迷	（动）	mí	to be crazy about
9. 票	（名）	piào	ticket
10. 队	（名）	duì	team
11. 比赛	（动）	bǐsài	to compete

赛	（动）	sài	to match, to compete
12. 对	（动）	duì	versus
13. 体育场	（名）	tǐyùchǎng	stadium
体育	（名）	tǐyù	physical training
场	（名、量）	chǎng	place, ground; (a measure word for recreational and sports activities)
14. 分	（量）	fēn	minute
15. 友谊	（名）	yǒuyì	friendship
16. 放心	（动）	fàngxīn	to be at ease, to set one's mind at rest
17. 门口	（名）	ménkǒu	doorway, entrance
18. 北门	（名）	běimén	north gate
北	（名）	běi	north
19. 差	（动）	chà	to be short of
20. 南门	（名）	nánmén	south gate
南	（名）	nán	south
西	（名）	xī	west
东	（名）	dōng	east
21. 观众	（名）	guānzhòng	audience
22. 比	（动）	bǐ	to (in a score)

补充词汇　Supplementary words

1. 以前	（名）	yǐqián	before, ago
2. 睡觉	（动）	shuìjiào	to sleep
3. 刻	（量）	kè	a quarter (of an hour)
4. 起床	（动）	qǐchuáng	to get up
5. 早上	（名）	zǎoshang	morning
6. 早饭	（名）	zǎofàn	breakfast
7. 中午	（名）	zhōngwǔ	noon
8. 午饭	（名）	wǔfàn	lunch
9. 晚饭	（名）	wǎnfàn	supper, dinner
10. 钟	（名）	zhōng	clock
11. 出发	（动）	chūfā	to set out

专名　Proper nouns

1. 天津	Tiānjīn	name of a city
2. 广州	Guǎngzhōu	name of a city
3. 南京	Nánjīng	name of a city
4. 西安	Xī'ān	name of a city
5. 杭州	Hángzhōu	name of a city
6. 青岛	Qīngdǎo	name of a city
7. 大连	Dàlián	name of a city

二 课堂练习 Exercises

（一）语音　Pronunciation

1. 朗读定调音节　Read aloud the syllables and pay attention to the tones

都听	还听	也听	再听	听的
都读	还读	也读	再读	读的
都写	还写	也写	再写	写的
都看	还看	也看	再看	看的

2. 辨音辨调　Distinguish the sounds and tones

zánmen	咱们	dānwèi	单位	tíyì	提议
zěnme	怎么	dānwu	耽误	tǐyù	体育

yǒuyì	友谊	fàngxīn	放心	shàngbān	上班
yóuyù	犹豫	fánxīng	繁星	xiàbān	下班

yǔqián	雨前	shuǐjiǎo	水饺	biànhuà	变化
yǐqián	以前	shuìjiào	睡觉	diànhuà	电话

3. 三音节声调　Tones of tri-syllables

zúqiúchǎng	足球场	zúqiúmí	足球迷
lánqiúchǎng	篮球场	lánqiúmí	篮球迷
páiqiúchǎng	排球场	páiqiúmí	排球迷
zúqiúpiào	足球票	zúqiúduì	足球队
lánqiúpiào	篮球票	lánqiúduì	篮球队
páiqiúpiào	排球票	páiqiúduì	排球队
zúqiúsài	足球赛	tǐyùchǎng	体育场
lánqiúsài	篮球赛	tǐyùguǎn	体育馆
páiqiúsài	排球赛	tǐyùkè	体育课

4. 语调　Intonation

(1) 方老师呢?

(2) 张老师呢?

(3) 山本正呢?

(4) 金汉成呢?

(5) 我的手表呢?

(6) 我的词典呢?

(7) 你的球票呢?

(8) 你的自行车呢?

(9) 我去图书馆,你呢?

(10) 我去体育场,你呢?

(11) 我去看球赛,你呢?

(12) 我去看朋友,你呢?

(13) 我坐出租车去,你呢?

(14) 我坐公共汽车去,你呢?

(15) 我6点50分到的，你呢?

(16) 我7点10分到的，你呢?

(二) 词语　Words and phrases

1. 快速说出下列时间并写出汉字　Speak out the following time quickly and write them down in Chinese characters

1：00	1：05	2：00	2：10
3：15	4：20	5：25	5：30
6：00	7：33	8：40	9：45
10：52	11：55	11：59	12：00

2. 选择正确的汉字填空　Choose the proper Chinese character to fill in the blank

(1) 我想_____你跟我一起去商店。（请　情　清）

(2) 对不起，我没说_____楚。（请　情　清）

(3) 我介绍一下学习_____况。（请　情　清）

(4) 我喜欢看足球_____赛。（北　比）

(5) 方云天在体育场_____门找到了大内上子。（北　比）

(6) 请问，现在_____点?（儿　几　九）

(7) 王老师有一个_____子，两个女_____。（儿　几　九）

(8) 我们班有_____个学生。（儿　几　九）

(三) 句型　Sentence patterns

1. 替换　Substitution

(1) A：现在几点?

B：现在上午<u>八点</u>。

八点零五分（8：05）

八点一刻（8：15）

八点二十（8：20）

八点半（8：30）

八点三十五（8：35）

八点四十五（8：45）

八点三刻（8：45）

差一刻九点（8：45）

八点五十（8：50）

差十分九点（8：50）

(2) A：你<u>几点</u><u>起床</u>?

B：我<u>早上六点</u> <u>起床</u>。

吃早饭	上午七点十分（7：10）
去教室	上午七点四十（7：40）
上课	上午八点（8：00）
上班	上午九点（9：00）
下课	上午十一点五十（11：50）
下班	下午五点（17：00）
去食堂	中午十二点（12：00）
吃午饭	中午十二点二十（12：20）
吃晚饭	下午六点一刻（18：15）
辅导	下午两点半（14：30）
睡觉	晚上十一点（23：00）

(3) A：你什么时候<u>去</u>?

B：<u>差5分7点</u>。

来	早上七点三刻（7：45）
做	上午九点一刻（9：15）
走	上午十点钟（10：00）
看	上午十一点（11：00）以前
开始	下午四点（16：00）

第一课　咱们一点儿也没耽误

    结束   晚上九点半（21：30）

    出发   中午十二点（12：00）

(4) A：你哪儿人？

  B：我<u>北京</u>人。

   上海

   天津

   广州

   南京

   西安

   杭州

   青岛

   大连

(5) A：我<u>去</u>，你呢？

  B：我也<u>去</u>。

   明天去

   明天下午去

   坐出租车去

   和艾米一起去

   去西安旅行

   喜欢唱歌

   喜欢踢足球

   喜欢看足球比赛

2. 根据实际情况快速回答 Give the actual answers quickly

 (1) 你几点起床？

 (2) 你几点吃早饭？

 (3) 你几点去教室？

 (4) 你几点上课？

 (5) 你几点吃午饭？

(6) 你几点开始复习？

(7) 你几点做作业？

(8) 你几点吃晚饭？

（四）按照下列情景，用本课句型谈话　Have a talk on the following topics, using the patterns in the text

(1) 你打电话约（yuē, to make an appointment）你的朋友去看电影。

(2) 你打电话约你的朋友去看足球比赛。

(3) 你给辅导老师打电话，改变（gǎibiàn, to change）辅导时间。

四 家庭作业 Homework

（一）词语　Words and phrases

1. 用下列生词至少组成两个短语　Make at least two phrases with each of the following words

(1) 耽误：_____ _____
(2) 比赛：_____ _____
(3) 体育：_____ _____
(4) 放心：_____ _____
(5) 电影：_____ _____
(6) 踢：_____ _____
(7) 以前：_____ _____
(8) 出发：_____ _____

2. 判别正误（对的画"√"，错的画"×"）　Distinguish the right from the wrong（write "√" for the right and "×" for the wrong）

(1) 我是1点钟以前到的。

意思是"我一小时以前就来了"。（　　）

(2) 我等了你一小时。

意思是"我从1点钟开始等你"。（　　）

(3) 小于，咱们是好朋友，帮帮忙吧。

"咱们"的意思是说话的人和小于两个人。（　　）

(4) 小于，明天我们去看电影好不好？

"我们"的意思是说话的人和小于两个人。（　　）

(5) 小于，我们昨天去公园了，你怎么没去？

"我们"的意思是说话的人和小于两个人。（　　）

（二）阅读　Reading

看足球比赛

方云天是个足球迷，大内上子也喜欢看足球。

有个朋友送给大内上子两张球票，是今天晚上北京队对上海队的比赛。可是，晚上7点到9点是辅导时间。大内想，辅导时间可以换，比赛时间是不能换的。于是（yúshì，so）她打电话邀请（yāoqǐng，to invite）方云天一起看这场球赛。

大内坐出租车，6点55分就来到了体育场北门。方云天坐公共汽车，7点10分才到达（dàodá，to arrive）南门。方云天给大内打电话，可是大内的手机没电了。两个人你找我，我找你，找了一刻钟才见面（jiànmiàn，to see each other）。

大内说："真对不起，怪我没说清楚。"

方云天说："也怪我没问清楚。"

大内说："幸亏（xìngkuī，fortunately）体育场只有两个门。"

方云天说："要是有四个门，就更糟糕了。"

1. 选择正确答案　Choose the right answer

(1) 这篇短文告诉我们：

A. 方云天喜欢看足球比赛

B. 大内上子是足球迷

C. 方云天和大内上子都喜欢看足球比赛

D. 方云天和大内上子都不喜欢看足球比赛

(2) 下面哪种说法对？

A. 大内上子先来到体育场北门

B. 方云天先来到体育场南门

C. 大内上子先来到体育场南门

D. 方云天先来到体育场北门

(3) 方云天说："要是有四个门，就更糟糕了。"他的意思是：

A. 体育场只有四个门

B. 体育场有四个门找人很容易

C. 体育场有四个不好的门

D. 体育场要是有四个门，就更不容易找到了

2. 回答问题　Answer the following questions

（1）大内为什么打电话请方云天看足球比赛？

（2）他们为什么找了一刻钟才见面？

3. 朗读短文　Read aloud the short passage

五 语法 Grammar

（一）名词谓语句（1）　Nominal predicate sentence (1)

这种句子的谓语从国别、籍贯、处所、季节、天气、数量（包括时间、年龄、号码、度量衡）等方面对主语进行说明。例如：

The predicates of this kind of sentences explain the different aspects of their subjects such as nationality, native place, location, season, weather and quantity (including time, age, number, weights and measures) and so on. E.g.:

（1）她美国人。

（2）喂，你哪儿？

（3）一天二十四小时。

注意：（1）名词谓语句一般用于非正式场合的口语。（2）其否定形式一般是"不是……"。

Points for attention: (1) Nominal predicate sentence is usually used in spoken language. (2) Its negative form generally is "不是……".

（二）用"呢"的省略疑问句　Elliptical question with "呢"

疑问语气助词"呢"用于词、短语后可以构成一种疑问句。这种疑问句一般问处所，有上文时也可以问时间、方式、行为、状况、原因或结果等。例如：

The interrogative modal particle "呢" can be used after words and phrases to form a question. This kind of question is usually used to ask about places. "呢" can be also used to ask about time, manner, behavior, status, reason or result and so on in the context. E.g.:

（1）大内呢？≈大内在哪儿？
（2）我明天去，你呢？≈你什么时候去？
（3）我和艾米一起去，你呢？≈你和谁一起去？
（4）我去，你呢？≈你去不去？
（5）这本词典不错，那本呢？≈那本怎么样？
（6）他要是愿意去，当然好。他要是不愿意去呢？≈他要是不愿意去，怎么办？

（三）钟点表达法　The way to express the time

汉语钟点的表达法是从大到小，先说"点"，后说"分"，再说"秒"。例如：

In Chinese, time is indicated in the following order：hour→minute→second (a bigger unit precedes a smaller one). E.g.:

9：00　九点（钟） 　　　　9：05　九点（零）五分

9：15　九点十五分/九点一刻　　　9：25　九点二十五分

9：30　九点三十分/九点半　　　9：40　九点四十分/差二十分十点

9：45　九点四十五分/差十五分十点/差一刻十点/九点三刻

9：55　九点五十五分/差五分十点

注意：（1）表示钟点的短语前不加介词"在"。（2）做状语时，一般放在述语前；如果作为话题，要放在主语前。例如：

Points for attention: (1) The preposition "在" is not used before the time phrase. (2) When the time phrase is used as an adverbial, it is usually placed before the predicative; but if it is used as a topic, it is placed before the subject of the sentence. E.g.:

A：我们下午四点一起去图书馆，好吗？

B：下午四点我有事儿。

六 注释 Notes

1. "点"与"小时"　"point of time" and "hour"

"点"用于表示时点，"小时"用于表示时段。

"点" is used to indicate the point of time, and "小时" is used to indicate the period of time.

2. "我们"与"咱们"　"we" and "we"

"我们"可以包括听话人，也可以不包括听话人，口语和书面语通用；"咱们"包括听话人，限于口语。

"我们" can either include or exclude the listeners, and it is used both in written and spoken Chinese; "咱们" includes the listeners, and it is used in spoken Chinese.

3. "看来"　"it seems"

"看来"表示依据客观条件估测某种结果，只做状语。

"看来" is used to estimate a certain result according to the objective condition, and it is only used as an adverbial.

第二课 我特别喜欢夏天

一 课文 Text

（一天下午，王才见金汉成一个人在校园里散步，就走了过去）

王　才：金汉成，你怎么一个人在这儿散步？

金汉成：我身体有点儿不舒服。

王　才：怪不得你脸色不太好。

金汉成：这几天天气太热，晚上没睡好觉。

王　才：你们国家夏天不这么热吧？

金汉成：我家住在山上，夏天不热。

王　才：天气预报说，今天晚上晴转阴有小雨，最低气温20度（摄氏度）。

金汉成：太好了，今天晚上我可以睡个好觉了。

王　才：一年四季，我最不喜欢夏天，看来你也是。

金汉成：不，我特别喜欢夏天，要是一年四季都是夏天就好了。

王　才：这是为什么？

金汉成：我父亲是做空调生意的。

（贝拉和方云天谈话）

贝　拉：今天几号？

方云天：今天8月3号，星期五。

贝　拉：明天没有课，咱们一起去游泳怎么样？

方云天：好主意！你游得很快吧？

贝　拉：我100米自由泳的最好成绩是1分15秒。

方云天：真快！我游得也不慢。

贝　拉：是吗？

方云天：我家前边有条河。我一分钟就能游到河对面。

贝　拉：河有多宽？

方云天：不到8米。

生词 New words

1. 散步	（动）	sànbù	to take a walk, to walk
2. 脸色	（名）	liǎnsè	look, countenance
脸	（名）	liǎn	face
色	（名）	sè	colour
3. 国家	（名）	guójiā	country, state, nation
4. 预报	（名）	yùbào	forecast
5. 晴	（形）	qíng	sunny, fine, clear
6. 转	（动）	zhuǎn	to turn
7. 阴	（形）	yīn	overcast, cloudy
8. 雨	（名）	yǔ	rain
9. 低	（形）	dī	low
10. 气温	（名）	qìwēn	temperature
11. 摄氏度	（量）	shèshìdù	centigrade, Celsius
度	（量）	dù	degree (a measure word for temperature, etc.)
12. 季	（名）	jì	season
13. 父亲	（名）	fùqin	father
14. 生意	（名）	shēngyi	business
15. 月	（名）	yuè	month

16. 游泳	(动)	yóuyǒng	to swim
17. 米	(量)	mǐ	meter
18. 自由泳	(名)	zìyóuyǒng	free-style (swimming)
自由	(形)	zìyóu	free
19. 成绩	(名)	chéngjì	result, achievement
20. 秒	(量)	miǎo	second
21. 对面	(名)	duìmiàn	opposite
22. 宽	(形)	kuān	wide, broad

补充词汇　Supplementary words

1. 爱人	(名)	àiren	wife or husband, spouse
2. 努力	(形)	nǔlì	(try) hard
3. 滑冰	(动)	huábīng	to skate
4. 千	(数)	qiān	thousand
5. 季节	(名)	jìjié	season
6. 春天	(名)	chūntiān	spring
春季	(名)	chūnjì	spring
7. 秋天	(名)	qiūtiān	autumn
秋季	(名)	qiūjì	autumn
8. 白天	(名)	báitiān	daytime, day
9. 高	(形)	gāo	tall, high
10. 夜间	(名)	yèjiān	night
11. 云	(名)	yún	cloud
12. 中	(形)	zhōng	middle, central
13. 雪	(名)	xuě	snow
14. 明年	(名)	míngnián	next year
15. 后年	(名)	hòunián	the year after next
16. 去年	(名)	qùnián	last year
17. 前年	(名)	qiánnián	the year before last
18. 日历	(名)	rìlì	calendar
19. 字	(名)	zì	character
20. 百	(数)	bǎi	hundred
21. 亿	(数)	yì	a hundred million

课堂练习 Exercises

（一）语音　Pronunciation

1. 朗读定调音节　Read aloud the syllables and pay attention to the tones

都听	还听	也听	再听	听的
都读	还读	也读	再读	读的
都写	还写	也写	再写	写的
都看	还看	也看	再看	看的

2. 辨音辨调　Distinguish the sounds and tones

shànbù	苦布	guójiā	国家	Shèshì	摄氏
sànbù	散步	héjiā	合家	shuòshì	硕士

shēngyi	生意	yóuyǒng	游泳	shuǐmiàn	水面
shēngyù	生育	yǒuyòng	有用	duìmiàn	对面

ǎirén	矮人	kǔlì	苦力	huàbǐng	话柄
àiren	爱人	nǔlì	努力	huábīng	滑冰

3. 三音节声调　Tones of tri-syllables

xīngqīyī	星期一	xīngqī'èr	星期二
xīngqīsān	星期三	xīngqīsì	星期四
xīngqīwǔ	星期五	xīngqīliù	星期六
xīngqītiān	星期天	xīngqīrì	星期日

yìqiān yī	一千一	yìqiān èr	一千二
yìqiān sān	一千三	yìqiān sì	一千四
yìqiān wǔ	一千五	yìqiān liù	一千六

yìqiān qī	一千七	yìqiān bā	一千八
yìqiān jiǔ	一千九		
yíwàn yī	一万一	yíwàn èr	一万二
yíwàn sān	一万三	yíwàn sì	一万四
yíwàn wǔ	一万五	yíwàn liù	一万六
yíwàn qī	一万七	yíwàn bā	一万八
yíwàn jiǔ	一万九		

4. 语调　Intonation

(1) 你是去宾馆吧？

(2) 你有事儿吧？

(3) 你们国家夏天不这么热吧？

(4) 你喜欢游泳吧？

(5) 你身体不舒服吧？

(6) 你不喜欢夏天吧？

(二) 词语　Words and phrases

1. 读下列数字（先读出位数，然后直接读数字）　Read the following numbers (first read the digits, then read the numerals)

   994　　2,134　　43,185　　304,526　　5,625,783

   73,410,050　　　356,947,308　　　1,143,758,200

2. 从本课生词表中选择恰当的词语填空　Fill in the blanks with the appropriate new words from this lesson

   (1) 小王病了，他_____不太好。

   (2) 我每天晚饭以后去_____。

   (3) 我们学校的_____有一家大商店。

(4) 夏天贝拉常常去_____。

(5) 我常常听天气_____。

(6) 今天的最高_____是34度。

(7) 彼得的父亲是做汽车_____的。

(8) 我们班山本正的学习_____最好。

(9) 我们_____学习汉语。

(10) 人民喜欢_____和幸福的生活。

(11) 这个城市一年有四个_____：春天、夏天、秋天和冬天。

(三) 句型　Sentence patterns

1. 替换　Substitution

(1) A：今天几号？

　　B：今天<u>8月3号</u>。

　　　1月1号

　　　2月14号

　　　3月8号

　　　4月26号

　　　5月4号

　　　6月22号

　　　7月15号

　　　9月10号

　　　10月1号

　　　11月24号

　　　12月25号

　　　12月31号

(2) A：今天几号？星期几？

　　B：今天<u>3号</u>，<u>星期五</u>。

　　　9号　　　　　星期四

　　　12号　　　　星期日

15号	星期三
21号	星期二
25号	星期六
27号	星期一

(3) A：你听天气预报了吗？

　　B：听了。今天<u>白天</u> <u>晴</u>，最高<u>气温32度</u>。

夜间	阴	低	18度
白天	晴间多云	高	29度
夜间	多云转阴	低	14度
白天	阴有小雨	高	25度
夜间	有中到大雨	低	12度
白天	晴转多云	高	26度
夜间	阴转多云	低	5度
白天	多云间阴	高	33度
夜间	阴间多云	低	-12度（零下）
白天	阴有小雪	高	2度

(4) A：<u>你</u> <u>身体</u>怎么样？

　　B：<u>我</u> <u>身体</u> <u>很好</u>。

你父亲	身体	不太好
你母亲	身体	很好
他爱人	身体	还可以
他	学习	还不错
他们	生活	很幸福
小李	工作	非常努力
小张	脸色	不太好
小王	成绩	非常好

2. 根据实际情况快速回答　Give the actual answers quickly

　　（1）今天8月3号，明天几号？

　　（2）今天1月1号，后天几号？

　　（3）今天2月14号，大后天几号？

　　（4）今天3月8号，昨天几号？

　　（5）今天4月26号，前天几号？

　　（6）今天5月4号，大前天几号？

　　（7）今天星期一，后天星期几？

　　（8）今天星期二，前天星期几？

　　（9）今天星期五，大前天星期几？

　　（10）今天星期六，大后天星期几？

（四）按照下列情景，用本课句型谈话　Have a talk on the following topics, using the patterns in the text

　　（1）听完天气预报后谈今天、明天的天气。

　　（2）谈你们国家的季节和天气。

　　（3）谈你现在居住（jūzhù, to stay）的城市的季节和天气。

　　（4）你跟朋友互相询问生日是哪天。

四　家庭作业 Homework

（一）词语　Words and phrases

1. 用下列生词至少组成两个短语　Make at least two phrases with each of the following words

　　（1）高：_____ _____　　　（2）低：_____ _____

　　（3）宽：_____ _____　　　（4）努力：_____ _____

　　（5）生意：_____ _____　　（6）成绩：_____ _____

　　（7）对面：_____ _____　　（8）游泳：_____ _____

2. 连线　Link the words on the left column with those on the right

今年　　　　　　　18岁
明年　　　　　　　19岁
后年　　　　　　　20岁
去年　　　　　　　21岁
前年　　　　　　　22岁
春天　　　　　　　游泳
夏天　　　　　　　滑冰
秋天　　　　　　　暖和
冬天　　　　　　　凉快

3. 选词填空　Choose the proper word to fill in the blank

(1) 他一_____人在这儿散步。

　　A. 位　　　B. 口　　　C. 个　　　D. 本

(2) 我们学校后边有一_____河。

　　A. 米　　　B. 度　　　C. 只　　　D. 条

(3) 我的手表每天快5_____。

　　A. 秒　　　B. 度　　　C. 米　　　D. 条

(4) 他的汽车有四_____长。

　　A. 米　　　B. 秒　　　C. 条　　　D. 张

(二) 阅读　Reading

日历上的字你都认识吗？

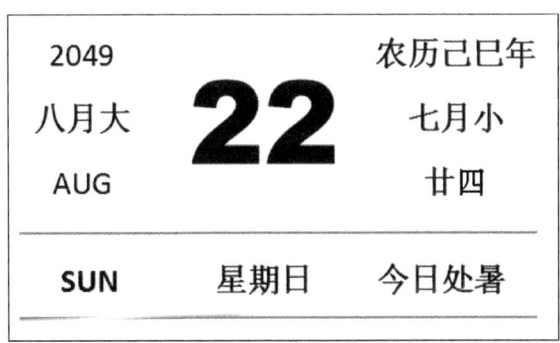

这是一张2049年8月22日（星期日）的日历。"八月大"，"大"意思是大月。阳历（yánglì，solar calendar）1月、3月、5月、7月、8月、10月、12月是大月，每个月31天；4月、6月、9月、11月是小月，每个月30天；2月也是小月，平年（píngnián，nonleap year）28天，闰年（rùnnián，leap year）29天。

1. 回答问题　Answer the following questions

   (1) 这是哪天的日历？
   (2) 3月有多少天？
   (3) 9月有多少天？
   (4) 4月有没有31号？
   (5) 12月有没有31号？
   (6) 8月21号是星期几？
   (7) 8月26号是星期几？
   (8) 8月30号是星期几？

2. 根据下边两张日历对话　Make dialogues about the calendars below

```
2029
4月小      7
星期六
农历己酉年二月小  廿四
谷雨：公历4月20日    农历三月初七
```

```
2029
10月大     18
星期四
农历己酉年九月小  十一
霜降：公历10月23日   农历九月十六
```

五 语法 Grammar

（一）主谓谓语句（1） Clausal predicate sentence (1)

在这种主谓谓语句里，做谓语的主谓短语中的小主语跟全句的大主语之间有领属关系。例如：

The subject of the clausal predicate sentence has a possessive relation with the subject of the predicate which is composed of a subject predicate phrase. E.g.:

主语 zhǔyǔ	谓语 wèiyǔ	
	主语 zhǔyǔ	谓语 wèiyǔ
我	身体	有点儿不舒服。
你	脸色	不太好。

（二）是非疑问句（2） Yes-no question (2)

当说话人对所问内容已有某种估计，要求听话人证实时，就用句尾带疑问语气助词"吧"的这种是非疑问句。例如：

When the speaker has already had a certain estimation on the questions and ask the listener for confirmation. An interrogative modal particle "吧" is used at the end in the question, which is also known as a yes-no question. E.g.:

（1）贝拉小姐喜欢游泳吧？

（2）你不是上海人吧？

（三）一百以上的称数法 Enumeration above one hundred

在汉语里，一百以上的数，位数词是"百、千、万、亿"。例如：

In Chinese, the digit words above one hundred are "百" "千" "万" and "亿". E.g.:

432	读作：四百三十二
9,430	读作：九千四百三十
89,400	读作：八万九千四百
789,000	读作：七十八万九千
2,709,000	读作：二百七十万零九千
12,009,000	读作：一千二百万零九千
412,009,000	读作：四亿一千二百万零九千

注意：（1）"0"处于数字的末尾时，不管是几个，都不读出；不处于数字的末尾时要读出，但不止一个"0"连在一起时，只读一次。（2）"10,000"读作"一万"，不读作"十千"。

Points for attention: (1) When "0" is at the end of a number, no matter how many of it, they will not be read out. When "0" is not at the end of a number, it should be read out; but when there are two or more than two "0" in series, 0 should be read out once. (2) "10,000" should be read as "一万", not as "十千" (ten thousand).

（四）日期表达法　The way to express the date

汉语里日期的表达采用从大到小的排列法。公历"年""月""日"前边一般使用阿拉伯数字，但同时注明星期几时，可用汉字。例如：

In Chinese, date is indicated in the following order：year→month→date. In written Chinese, the Arabic numerals are usually used before "年" "月" and "日", and if the day of the week follows, the day should be written in Chinese. E.g.：

2021年2月14日

2021年2月14日（星期日）

二〇二一年二月十四日，星期日

注意：（1）除非是特殊需要，表"年"的数字只读系数词，不读位数词。（2）表星期的数字都用汉字。（3）"日"是书面语，"号"是口语，但"星期日"不能说成"星期号"。

Points for attention: (1) Only the coefficient words are read for indicating the year, except for special needs. (2) The days of the week should be written in Chinese characters. (3) "日" is used in written Chinese, and "号" is used in spoken Chinese, but "星期日" can not be said as "星期号".

第三课 你们真是买东西的行家

Dì-sān kè

一 课文 Text

艾 米：大内，你去哪儿了？
大 内：我去洗衣店了。
艾 米：我们一起去逛街吧。
大 内：好啊。

（大内和艾米在街上一边逛一边聊）

艾 米：大内，我听说你喜欢网购，是吗？
大 内：对。来中国以后，我喜欢在网上买东西了，又便宜又方便。
艾 米：我喜欢逛街，逛街有意思，还能顺便了解这个城市。
大 内：是啊！我喜欢网购，也喜欢逛街。
艾 米：你瞧，茶叶店，咱们去看看。

（在茶叶店，热情的老板给她们泡了绿茶、乌龙茶和红茶。现在，他又泡了一种茶）

大 内：这是什么茶？
老 板：是普洱茶，你们尝一下。
大 内：味道有点儿奇怪，我喜欢乌龙茶。

老　板：你是第一次喝，喝两杯就好喝了。

艾　米：口感、味道很好。怎么卖？

老　板：288一斤。

艾　米：有点儿贵，便宜点儿吧。

老　板：行，258吧。

大　内：老板，乌龙茶多少钱一斤？

老　板：300一斤。可以打九折。

大　内：再便宜点儿吧。

老　板：不能再便宜了。放心吧，我们做生意不骗人。

艾　米：那能不能送我们一套茶具？

老　板：你们真是买东西的行家。好吧，你们微信关注一下我的店，我送你们一套玻璃茶具。

艾　米：老板真是做生意的行家。

生词 New words

1. 行家	（名）	hángjia	expert
2. 洗衣店	（名）	xǐyīdiàn	laundry
3. 网购	（动）	wǎnggòu	to shop online
网	（名）	wǎng	network
4. 又……又……		yòu…yòu…	both...and...
5. 瞧	（动）	qiáo	to look
6. 茶叶	（名）	cháyè	tea, tea-leaves
7. 热情	（形）	rèqíng	enthusiastic, warm
8. 老板	（名）	lǎobǎn	boss, shopkeeper
9. 绿茶	（名）	lǜchá	green tea
10. 红茶	（名）	hóngchá	black tea
11. 普洱茶	（名）	pǔ'ěrchá	Pu'er tea
12. 味道	（名）	wèidao	taste
13. 奇怪	（形）	qíguài	strange

14. 口感	（名）	kǒugǎn	texture
15. 卖	（动）	mài	to sell
16. 斤	（量）	jīn	500g (a measure word)
17. 打折	（动）	dǎzhé	to give a discount
18. 骗	（动）	piàn	to deceive, to fool, to cheat
19. 套	（量）	tào	set, suit, suite, series (a measure word)
20. 茶具	（名）	chájù	tea sets
21. 微信	（名）	wēixìn	WeChat
22. 关注	（动）	guānzhù	to pay attention to
23. 玻璃	（名）	bōli	glass

补充词汇 Supplementary words

1. 进口	（动）	jìnkǒu	to import
2. 机场	（名）	jīchǎng	airport
3. 市场	（名）	shìchǎng	market
4. 操场	（名）	cāochǎng	playground, sports ground
5. 愿意	（能动）	yuànyì	to be willing, to want, to wish
6. 毛	（量）	máo	ten cents (a measure word)
7. 皮鞋	（名）	píxié	leather shoes
鞋	（名）	xié	shoes
8. 这些	（代）	zhèxiē	these
9. 阅览室	（名）	yuèlǎnshì	reading room
10. 参加	（动）	cānjiā	to take part in, to attend, to join in
11. 国产	（形）	guóchǎn	domestic
12. 跳舞	（动）	tiàowǔ	to dance
13. 有用	（形）	yǒuyòng	useful
14. 车站	（名）	chēzhàn	station, bus stop
15. 警察	（名）	jǐngchá	police
16. 小说	（名）	xiǎoshuō	novel, fiction
17. 两	（量）	liǎng	50g (a measure word)
18. 可能	（能动、名）	kěnéng	can, may; possibility
19. 拿	（动）	ná	to take, to get
20. 花	（动）	huā	to spend, to expend
21. 角	（量）	jiǎo	ten cents (a measure word)

三 课堂练习 Exercises

（一）语音　Pronunciation

1. 朗读定调音节　Read aloud the syllables and pay attention to the tones

都听	还听	也听	再听	听的
都读	还读	也读	再读	读的
都写	还写	也写	再写	写的
都看	还看	也看	再看	看的

2. 辨音辨调　Distinguish the sounds and tones

| jìnkǒu | 进口 | kǒu gān | 口干 | wèidao | 味道 |
| jìng jiǔ | 敬酒 | kǒugǎn | 口感 | wāidǎo | 歪倒 |

| jīchǎng | 机场 | huángjiā | 皇家 | shāngchǎng | 商场 |
| qìchǎng | 气场 | hángjia | 行家 | shìchǎng | 市场 |

| guānzhù | 关注 | cǎochǎng | 草场 | yuànyì | 愿意 |
| guǎnzhù | 管住 | cāochǎng | 操场 | yuányì | 园艺 |

3. 三音节声调　Tones of tri-syllables

shíyī kuài	十一块	shí'èr kuài	十二块
shísān kuài	十三块	shísì kuài	十四块
shíwǔ kuài	十五块	shíliù kuài	十六块
shíqī kuài	十七块	shíbā kuài	十八块
shíjiǔ kuài	十九块		

| yí kuài wǔ | 一块五 | yì máo wǔ | 一毛五 |
| qī kuài wǔ | 七块五 | qī máo wǔ | 七毛五 |

bā kuài wǔ	八块五	bā máo wǔ	八毛五
liǎng kuài wǔ	两块五	liǎng máo wǔ	两毛五

4. 重音　Stress

(1) 他的病好点儿了。

(2) 雨小点儿了。

(3) 天气暖和点儿了。

(4) 天气凉快点儿了。

(5) 他的身体好多了。

(6) 我现在舒服多了。

(7) 这双皮鞋便宜多了。

(8) 这个房间小多了。

(9) 这里的冬天冷极了。

(10) 这里的夏天热极了。

(11) 他写的汉字清楚极了。

(12) 公园里的花儿漂亮极了。

(二) 词语　Words and phrases

1. 读下列数字（先读出位数，然后直接读数字）　Read the following numbers (first read the digits, then read the numerals)

　　12,345　　27,864　　39,408　　45,000　　54,321

　　60,302　　70,050　　89,046　　90,008　　99,999

2. 从本课生词表中选择恰当的词语填空　Fill in the blanks with the appropriate new words from this lesson

(1) 他常常在_____上买书。

(2) 我对同学、朋友很_____。

(3) 他的汉语发音有点儿_____。

(4) 这些都是日本_____的汽车。

(5) 这不是乌龙茶，是_____。

(6) 我每天下午四点去_____踢足球。

(7) 你常去_____看书吗？

(8) 昨天我在自由_____买东西，有个人想_____我。

(9) 丁兰是买东西的_____。

(10) 这件衣服_____以后是70块钱。

(11) 你想_____今天的晚会吗？

(12) 他们都_____买_____皮鞋。

(13) 这是_____咖啡，_____不错。

(14) 我不会_____，你教我_____，好吗？

(15) 这些生词很_____。

3. 判断词语的位置　Choose the proper place for the word given

(1) 晚上A我们B去C图书馆D看书。（全）

(2) 十块A太贵了，B能C不能D便宜点儿？（再）

(3) A八点半了，你们B怎么C去D上课？（才）

(4) 你A现在B跟我C一起D去吧。（就）

(5) A现在B八点三分，C我们D上课。（刚）

(6) A夏天B学生们C喜欢D游泳。（都）

(7) 十块A太B贵了，七块C钱D怎么样？（也）

(8) 今天的A作业B我C没D做呢。（还）

（三）句型　Sentence patterns

1. 替换　Substitution

(1) A：大内呢？

　　B：她去自由市场了。

　　商店　　　　　操场

　　书店　　　　　车站

医院	机场
公园	超市
教室	图书馆
食堂	阅览室

(2) A：你去哪儿了？

　　B：我去<u>自由市场</u>了。

商店	操场
书店	车站
医院	机场
公园	超市
教室	图书馆
食堂	阅览室

(3) A：你<u>做</u> <u>练习</u>了吗？

　　B：我<u>做</u> <u>练习</u>了。

　　　（我没<u>做</u> <u>练习</u>。）

写	作业
念	课文
听	录音
买	词典
画	画儿
看	电影
吃	药
修	自行车
预订	房间
翻译	这篇文章

(4) A：他愿意帮助<u>你</u>？

　　B：他愿意帮助<u>我</u>。

　　A：小王还愿意帮助<u>你</u>吗？

B：小王不愿意帮助 我了。

请	客
去	旅行
当	警察
来	我们学校
买	进口手机
辅导	你
参加	比赛
翻译	这本小说
回答	这个问题
准备	生日晚会

(5) A：他愿意帮助 你了吗?

B：他愿意帮助 我了。

（他还是不愿意帮助 我。）

请	客
去	旅行
当	警察
来	我们学校
买	进口手机
辅导	你
参加	比赛
翻译	这本小说
回答	这个问题
准备	生日晚会

(6) A：我想去散步。

B：你别去了。咱们看电视吧。

睡觉	去跳舞
跳舞	去游泳
游泳	去看电影

滑冰	去滑雪
看电视	去散步
买双鞋	回去
踢足球	去图书馆

(7) A：这<u>皮鞋</u>多少钱一<u>双</u>？

　　B：<u>150块</u>。

足球鞋	双	480块
苹果	斤	3块
西瓜	斤	两块五
词典	本	56块
衣服	件	88块
茶叶	两	45块
地图册	本	40块
进口香蕉	斤	12块
国产皮鞋	双	99块

(8) A：这<u>皮鞋</u>一<u>双</u>多少钱？

　　B：<u>150块</u>。

足球鞋	双	480块
苹果	斤	3块
西瓜	斤	两块五
词典	本	56块
衣服	件	88块
茶叶	两	45块
地图册	本	40块
进口香蕉	斤	12块
国产皮鞋	双	99块

2. 把下列肯定句改成否定句　Change the following into negative sentences
   (1) 大内去自由市场了。
   (2) 彼得去阅览室了。
   (3) 艾米做完练习了。
   (4) 贝拉翻译完这篇文章了。
   (5) 方云天回家了。
   (6) 王欢下班了。
   (7) 山本正特别喜欢夏天。
   (8) 金汉成愿意帮助王才。

（四）按照下列情景，用本课句型谈话　Have a talk on the following topics, using the patterns in the text
   (1) 你在水果店买水果。
   (2) 买水果回来后跟你的同学谈买东西的情况。
   (3) 谈你在中国买东西的经历。
   (4) 谈在你们国家买东西的经历。

四 家庭作业 Homework

（一）词语　Words and phrases
   1. 用下列生词至少组成两个短语　Make at least two phrases with each of the following words
      (1) 网：＿＿＿＿ ＿＿＿＿　　(2) 进口：＿＿＿＿ ＿＿＿＿
      (3) 卖：＿＿＿＿ ＿＿＿＿　　(4) 参加：＿＿＿＿ ＿＿＿＿
      (5) 套：＿＿＿＿ ＿＿＿＿　　(6) 可能：＿＿＿＿ ＿＿＿＿
      (7) 拿：＿＿＿＿ ＿＿＿＿　　(8) 市场：＿＿＿＿ ＿＿＿＿
      (9) 骗：＿＿＿＿ ＿＿＿＿　　(10) 愿意：＿＿＿＿ ＿＿＿＿

（二）阅读 Reading

逛　街

　　这是一（1）星期六的下午，大内和艾米在城里一边逛街一边聊天儿。

　　她们（2）一家老北京奶酪（nǎilào, cheese）店出来，看看时间（3）早，（4）想再逛一会儿。逛来逛去，她们来到一家茶叶店。店老板拿了四（5）茶请她们喝。这些茶都很好喝。

　　大内和艾米想买（6）茶叶，老板给她们打九折，她们还是觉得（7）贵。可是老板说不能（8）便宜了，最后，她们（9）花了五百多块钱。老板还送给她们一（10）茶具，她们非常高兴。

1. 填空 Read and fill in the blanks with the words given below

　　（1） A. 天　　　　B. 个　　　　C. 只　　　　D. 口

　　（2） A. 从　　　　B. 到　　　　C. 在　　　　D. 去

　　（3） A. 还　　　　B. 也　　　　C. 再　　　　D. 都

　　（4） A. 不　　　　B. 也　　　　C. 刚　　　　D. 就

　　（5） A. 个　　　　B. 种　　　　C. 斤　　　　D. 两

　　（6） A. 一起　　　B. 一共　　　C. 一些　　　D. 一个

　　（7） A. 不　　　　B. 最　　　　C. 一点儿　　D. 有点儿

　　（8） A. 还　　　　B. 也　　　　C. 再　　　　D. 都

　　（9） A. 一个　　　B. 一共　　　C. 一定　　　D. 一点儿

　　（10）A. 个　　　　B. 套　　　　C. 条　　　　D. 只

2. 朗读以上短文，然后回答问题 Read the short passage above, then answer the questions

　　（1）大内和艾米去做什么了？去了哪些地方？

　　（2）店老板请她们喝了什么？

　　（3）她们买茶叶花了多少钱？老板给她们打折了吗？

　　（4）为什么她们很高兴？

（三）写作　Writing

模仿上面的阅读文章《逛街》，写一篇你的故事，要求字数不少于150字。 Imitate the article above and write a story no less than 150 words.

五 语法 Grammar

（一）动态助词"了₂"（1）　The aspectual particle "了₂"(1)

动态助词"了"有两个：用于动词之后、宾语之前的"了"称为"了₁"，可用于宾语之后的称为"了₂"。动态助词"了₂"主要表示事态的变化，有时兼表肯定或提醒的语气。例如：

There are two aspectual particles "了": the one is used after the predicate and before the object, which is known as "了₁", and the other is used after the object, which is known as "了₂". The aspectual particle "了₂" is used to denote the change of state. Sometimes it is used to express an affirmative or a reminding tone. E.g.:

（1）你做练习了吗？

（2）他愿意帮助我了。

（3）走了！走了！

"了₂"句的间接否定形式是在动词或形容词前加上否定副词"没""不"或"别"。例如：

The indirect negative form of the sentence with the aspectual particle "了₂" is formed by the negative adverb "没""不" or "别" preceded by the verb or the adjective. E.g.:

（4）昨天，他没去商店。

（5）我还没做练习呢。

（6）他不愿意去了。

（7）你别去了。

（二）钱数表达法　The way to express the amount of money

中国的货币叫人民币。人民币有三个单位，口语用"块""毛""分"，书面语用"元""角""分"。例如：

The Chinese currency is called Renminbi, which has three units. "块" "毛" and "分" are used in spoken Chinese, while "元" "角" and "分" are used in written Chinese. E.g.:

0.05元	五分（钱）
0.10元	一角／毛（钱）
0.25元	两角／毛五分（钱）
1.00元	一元／块（钱）
1.05元	一元／块零五分（钱）
10.05元	十元／块零五分（钱）

（三）程度补语（1）　Degree complement (1)

形容词述语后边补充说明状态变化程度的成分叫程度补语。这种补语可由"（一）点儿""（一）些""多"或"极"充当。例如：

The constituent after the adjectival predicative to denote the changing degree of the state is known as a degree complement. This complement can be composed of "(一)点儿" "(一)些" "多" or "极". E.g.:

(1) 他的身体好多了。

(2) 公园里的花儿漂亮极了。

第四课 Dì-sì kè 有什么别有病

一 课文 Text

（一天下午，金汉成去医院看病）

大　夫：你怎么了？

金汉成：头疼，发烧。

大　夫：几天了？

金汉成：两天了，昨天早上开始的。

大　夫：（拿出体温表）量一下体温，
　　　　五分钟以后给我。看看嗓子。

金汉成：Ā——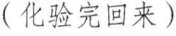

大　夫：很红，嗓子发炎了。咳嗽吗？

金汉成：咳嗽得很厉害。

大　夫：吃饭怎么样？

金汉成：我什么东西都不想吃。

大　夫：大小便正常吗？

金汉成：正常。

（过了一会儿）

大　夫：时间到了，给我体温表，38度2。化验一下血吧。

（化验完回来）

金汉成：这是化验结果。我的病不要
　　　　紧吧？

大　夫：不要紧，你这是感冒。吃点儿
　　　　药，再打几针。

金汉成：您给开点儿中药吧。

大　夫：有中药，也有西药，这是药方。回去以后好好休息，按时吃药，多喝开水。

金汉成：谢谢！

（第二天贝拉来看望金汉成）

贝　拉：听说你病了，来看看你。

金汉成：谢谢。你一来，我的病就好了一半儿。

贝　拉：是吗？我明天再来，你就全好了？

金汉成：对了，你找着辅导老师了没有？

贝　拉：找着了。

金汉成：你也帮我找一位辅导老师吧。

贝　拉：你的病还没好呢，别这么着急。

金汉成：这真是人们常说的，有什么别有病。

贝　拉：还有一句呢，没什么别没钱。我现在就缺钱。

生词 New words

1. 量	（动）	liáng	to measure
2. 发炎	（动）	fāyán	to become inflamed
3. 厉害	（形）	lìhai	serious, severe
4. 大便	（动、名）	dàbiàn	to shit, to defecate; shit
5. 小便	（动、名）	xiǎobiàn	to pass water, to urinate; urine
6. 化验	（动）	huàyàn	to test
7. 血	（名）	xiě	blood
8. 结果	（名）	jiéguǒ	result
9. 要紧	（形）	yàojǐn	serious, important
10. 感冒	（名、动）	gǎnmào	cold; to catch (a) cold
11. 中药	（名）	zhōngyào	Chinese medicine

12. 西药	（名）	xīyào	Western medicine
13. 药方	（名）	yàofāng	prescription
14. 按时	（副）	ànshí	on time, on schedule
15. 开水	（名）	kāishuǐ	boiled water
16. 一……就……		yī…jiù…	as soon as
17. 一半儿	（数）	yíbànr	(a) half
18. 着	（动）	zháo	(used as a complement to another verb) hitting the mark; succeeding in
19. 人们	（名）	rénmen	people
20. 缺	（动）	quē	to lack, to be short of

补充词汇 Supplementary words

1. 刮风	（动）	guāfēng	to blow
风	（名）	fēng	wind
2. 丸药	（名）	wányào	pill of Chinese medicine
丸	（名、量）	wán	ball, pellet; (a measure word for Chinese medicine)
3. 考试	（动）	kǎoshì	to exam, to test
考	（动）	kǎo	to examine
4. 飞机	（名）	fēijī	airplane
5. 因为	（连）	yīnwei	because
6. 旧	（形）	jiù	old, used
7. 用功	（形）	yònggōng	hardworking
8. 及格	（动）	jígé	to pass a test
9. 血压	（名）	xuèyā	blood pressure
10. 优盘	（名）	yōupán	USB disk
11. 录音笔	（名）	lùyīnbǐ	recorder pen
12. 夜里	（名）	yèli	at night
夜	（名）	yè	night
13. 药片儿	（名）	yàopiànr	pill
片	（名、量）	piàn	pill, piece; (a measure word for pieces of things)
14. 架	（量）	jià	(a measure word for planes, pianos, etc.)
15. 电扇	（名）	diànshàn	electric fan
16. 讲	（动）	jiǎng	to tell, to explain

专名　Proper nouns

1. 刘	Liú	a Chinese surname
2. 高	Gāo	a Chinese surname

◆ 课堂练习　Exercises

（一）语音　Pronunciation

1. 朗读定调音节　Read aloud the syllables and pay attention to the tones

都听	还听	也听	再听	听的
都读	还读	也读	再读	读的
都写	还写	也写	再写	写的
都看	还看	也看	再看	看的

2. 辨音辨调　Distinguish the sounds and tones

fāngyán	方言	dàbiàn	大便	huǒyàn	火焰
fāyán	发言	dàpiàn	大片	huàyàn	化验

zhòngyào	重要	yàofāng	药方	kāishuǐ	开水
zhōngyào	中药	yàofáng	药房	kāishǐ	开始

guāfēn	瓜分	wányào	丸药	kǎoshì	考试
guāfēng	刮风	wánxiào	玩笑	kǒushì	口试

3. 三音节声调　Tones of tri-syllables

duōfābìng	多发病	liúxíngbìng	流行病
xīnzàngbìng	心脏病	chuánrǎnbìng	传染病
jīngshénbìng	精神病	ruǎngǔbìng	软骨病
shénjīngbìng	神经病	fùnǚbìng	妇女病

chángjiànbìng	常见病	àizībìng	艾滋病
chángwèibìng	肠胃病	dìfāngbìng	地方病
lǎoniánbìng	老年病	jíxìngbìng	急性病
báixuèbìng	白血病	mànxìngbìng	慢性病

4. 重音　Stress

(1) 我做完了。
(2) 练习做完了。
(3) 作业写完了。
(4) 我听懂了。
(5) 课文看懂了。
(6) 课文听懂了。
(7) 我说错了。
(8) 我记错了。
(9) 我听见了。
(10) 我看见了。
(11) 我找着了。
(12) 手表找着了。
(13) 我记住了。
(14) 生词记住了。
(15) 我听清楚了。
(16) 我看清楚了。

（二）词语　Words and phrases

1. 读下列数字（先读出位数，然后直接读数字）　Read the following numbers (first read the digits, then read the numerals)

123,456	286,475	374,908	485,006	558,912
620,800	700,080	860,005	901,040	995,522

2. 从本课生词表中选择恰当的词语填空　Fill in the blanks with the appropriate new words from this lesson

(1) 我的嗓子_____了，疼得很_____。

(2) 我得走了，我有_____的事儿。

(3) 我_____了，今天_____开始头疼、咳嗽、发烧。

(4) 我坐_____去广州。

(5) 我不喝别的饮料，只喝_____。

(6) 今天的练习我做了_____。

(7) 这是你的药，有_____也有_____。

(8) 大夫_____完了，这是_____结果。

(9) 你找_____你的手表了吗？

(10) 这是一个_____水的城市。

(11) 大夫，你给我_____一下体温吧。

(12) 我昨天没来上课，_____我感冒了。

(13) 我每天晚上复习_____课，预习新课。

(14) 明天的_____你准备好了吗？

(15) 他学习太不_____了，考试一定会不_____的。

(16) 以前我的_____有点儿高，今天您再给我量量吧。

(三) 句型　Sentence patterns

1. 替换　Substitution

(1) A：你找着<u>辅导老师</u>了没有？

B：找着了。

（还没找着呢。）

体育老师	手表
马老师	优盘
赵林	自行车
彼得	录音笔

(2) A：你做完作业了吗?
　　B：做完了。
　　　（没做完呢。）

做	练习
看	那本小说
量	体温
修	自行车
卖	那些水果
打扫	房间
收拾	东西
翻译	这本书

(3) A：你看清楚了吗?
　　B：看清楚了。
　　　（没看清楚。）

听	清楚
写	清楚
说	对
回答	对
听	懂
看	懂
听	见
看	见
学	会
记	住

(4) A：什么时候开始的?
　　B：昨天早上。

昨天上午	前天白天
昨天中午	前天夜里
昨天下午	今天早上

昨天晚上　　　　　今天上午

(5) A：这些药怎么吃?

B：<u>大药片儿</u> <u>饭前</u>吃。每天<u>三</u>次，每次<u>两</u>片儿。

小药片儿	饭后	两	一片儿
白药片儿	饭前	四	三片儿
黄药片儿	饭后	一	一片儿
丸药	饭前	两	两丸

2. 连线　Link the words on the left column with those on the right

这篇文章有很多生词，　　　　我说错了。

刘老师不是北京人，　　　　还没学会呢。

你这么用功，　　　　　　　你看见了吗?

我刚开始学习滑冰，　　　　我没看懂。

这个汉字很容易，　　　　　你的东西准备好了吗?

对不起，　　　　　　　　　这次考试怎么没考及格?

我的词典呢?　　　　　　　你怎么写错了?

明天去南方旅行，　　　　　他的话我没完全听懂。

3. 选择适当的词语完成对话　Choose the proper words to complete the dialogues

听　　听见

(1) A：你去哪儿?

B：我去教室＿＿＿＿录音。

(2) A：＿＿＿＿，有人敲门。

B：我怎么没＿＿＿＿。

(3) A：有人喊你，你＿＿＿＿了没有?

B：我没＿＿＿＿。我出去看看吧。

(4) A：＿＿＿＿，外边刮风了，你＿＿＿＿了吗?

B：我早就＿＿＿＿了。

(5) A：你喜欢_____故事吗？

　　B：我特别喜欢_____故事。

看　　看见

(1) A：你去哪儿？

　　B：我去_____电影。

(2) A：山本和大内呢？你_____了吗？

　　B：我没_____他们。

(3) A：高老师呢？

　　B：我_____他去办公室了。

(4) A：_____，天上有一架飞机。

　　B：在哪儿，我怎么没_____？

　　A：你_____那儿！

　　B：啊，我_____了。

(5) A：你常_____足球比赛吗？

　　B：不常_____。

（四）按照下列情景，用本课句型谈话　Have a talk on the following topics, using the patterns in the text

(1) 你感冒了，去医院看病，你的同学是大夫。

(2) 你是大夫，你的同学牙疼，你给他看病。

(3) 想两个不会用汉语说的病名问老师，然后跟同学谈话。

(4) 你跟你的同学谈话，中间用"对了"转变话题。

四 家庭作业 Homework

（一）词语 Words and phrases

1. 用下列生词至少组成两个短语 Make at least two phrases with each of the following words

   (1) 考试：_____ _____   (2) 肚子：_____ _____

   (3) 厉害：_____ _____   (4) 化验：_____ _____

   (5) 结果：_____ _____   (6) 要紧：_____ _____

   (7) 药方：_____ _____   (8) 按时：_____ _____

2. 用"一……就……"改写句子 Rewrite the sentences with "一……就……"

   ［例］我吃完早饭去教室。

      我一吃完早饭就去教室。

   (1) 我下了课去食堂。

   (2) 到了冬天我就感冒。

   (3) 到了北京我就去看朋友。

   (4) 复习完课文我做练习。

   (5) 你来了，她的病好了一半儿。

   (6) 到了中国就给我写信。

3. 判断词语的位置 Put the given word in the proper place of the sentence

   (1) 你们每天A都B要C来D上课。（按时）

   (2) 我A有B两年C没有D回国了。（已经）

   (3) 你A对B我们的帮助我C要D记住。（永远）

   (4) 昨天A我们B看的C电影D有意思。（非常）

   (5) 王欢A骑自行车B回家C去自由市场D逛逛。（顺便）

   (6) A这里B有C水果和蛋糕，D吃点儿吧。（随便）

(7) 小王A喜欢B买外国C进口的D东西。（特别）

(8) A这B两个词C的意思D一样。（完全）

(二) 阅读　Reading

有中药也有西药

昨天夜里天气特别（1），金汉成（2）里的电扇开了一夜。今天早上他就头疼、咳嗽。上午，他去医院看病。大夫说："这是感冒。不用（3），吃点儿药就会好的。"

大夫给金汉成（4）了一些药，有中药也有西药。大夫说："回去以后你（5）吃药。这种药片儿一天三次，每次两片儿；那种丸药，一天两次，每次一丸。还要多（6）开水。晚上电扇开的时间不能太（7）。"

因为生病，金汉成（8）了一天课。晚上，贝拉来宿舍（9）金汉成。金汉成问贝拉："今天老师讲（10）了？"贝拉说今天没讲新课，（11）复习旧课了。金汉成很高兴。贝拉说："你（12）高兴，后天有考试。"金汉成（13）贝拉说："糟糕，我复习不完了。人们常说'有什么别有病，没什么别没钱'。这话真（14）呀！"

1. 填空　Read and fill in the blanks with the words given below

(1) A. 冷　　　B. 热　　　C. 凉快　　D. 暖和

(2) A. 食堂　　B. 教室　　C. 桌子　　D. 房间

(3) A. 吃药　　B. 吃饭　　C. 打针　　D. 睡觉

(4) A. 吃　　　B. 喝　　　C. 开　　　D. 买

(5) A. 按时　　B. 常常　　C. 每天　　D. 中午

(6) A. 吃　　　B. 喝　　　C. 要　　　D. 买

(7) A. 长　　　B. 快　　　C. 慢　　　D. 少

(8) A. 学习　　B. 休息　　C. 耽误　　D. 开始

(9) A. 看看　　B. 看望　　C. 看见　　D. 看着

(10) A. 什么　　B. 怎么　　C. 为什么　D. 怎么样

(11) A. 已经　　B. 正在　　C. 才　　D. 只
(12) A. 不　　　B. 没　　　C. 别　　D. 没有
(13) A. 对　　　B. 给　　　C. 在　　D. 从
(14) A. 好　　　B. 好听　　C. 漂亮　D. 对

2. 朗读以上短文，然后回答问题　Read aloud the short passage above, then answer the questions

(1) 金汉成感冒的原因是什么？
(2) 大夫给金汉成开了几种药？什么药？怎么吃？
(3) "有什么别有病"是什么意思？
(4) 金汉成为什么说"有什么别有病，没什么别没钱"？

五 语法 Grammar

（一）结果补语（1）　Resultative complement (1)

动词述语后边补充说明动作行为结果的成分叫结果补语。下面的这种结果补语表示动作行为的完成。例如：

The constituent after the verbal predicative to denote the result of an action is known as a resultative complement. This resultative complement indicates the completion of an action. E.g.:

述语 shùyǔ	结果补语 jiéguǒ bǔyǔ	宾语 bīngyǔ
找	着	辅导老师
做	完	作业
记	住	这些生词

(二)动态助词"了₂"(2)　　The aspectual particle "了₂" (2)

动态助词"了₂"可表示动作过程发展阶段的状态变化。例如:

The aspectual particle "了₂" can indicate the change of state in the process of an action. E.g.:

(1)今天的作业我做一半儿了。

(2)这本书我看到第45页了。

第五课 你的贺卡超重了

一 课文 Text

（下星期是艾米妈妈的生日，艾米去邮局寄生日贺卡。她还要给爸爸寄一些书）

艾　米：您好，先生。我想往美国寄点儿东西。

营业员：寄什么？

艾　米：一些书。

营业员：请打开看看。（艾米打开包装）

啊，这些都是中国文化方面的好书！（艾米包装）这样包装不行。

艾　米：麻烦您帮我重新包一下。

营业员：看来您的朋友很喜欢中国文化。

艾　米：不，这些书是寄给我爸爸的。

营业员：对不起。您父亲汉语水平一定很高吧？

艾　米：是的，他是个中国通。

营业员：您的汉语说得也不错。

艾　米：哪里，哪里，还差得远呢。

营业员：小姐，这些书是空运还是海运？

艾　米：空运。

营业员：要挂号吗？

艾　米：要。

营业员：书的重量是2.6公斤，邮费392。这是收据。

艾　米：我还寄一张贺卡。

营业员：请贴六块钱的邮票。

艾　米：好。

营业员：小姐，你的贺卡超重了，应该再贴一块八毛钱的邮票。

艾　米：再贴邮票，不是更重了吗？

二 生词 New words

1. 贺卡	（名）	hèkǎ	greeting card
2. 超重	（动）	chāozhòng	to overload, to overweight
3. 邮局	（名）	yóujú	post office
4. 往	（介）	wǎng	to, toward
5. 打开	（动）	dǎkāi	to open
6. 包装	（名、动）	bāozhuāng	package; to pack
包	（动）	bāo	to pack
7. 啊	（叹）	à	(an exclamation)
8. 麻烦	（动）	máfan	to trouble, to bother
9. 重新	（副）	chóngxīn	again
10. 水平	（名）	shuǐpíng	level
11. ……通		…tōng	expert
12. 哪里	（代）	nǎli	hum. (used as a polite reply to a compliment)
13. 空运	（动）	kōngyùn	to airlift
运	（动）	yùn	to transport, to send
14. 海运	（动）	hǎiyùn	to transport by sea
海	（名）	hǎi	sea
15. 挂号	（动）	guàhào	to send by registered mail
16. 重量	（名）	zhòngliàng	weight

17. 邮费	（名）	yóufèi	postage
费	（名）	fèi	fee, expenses, charge
18. 收据	（名）	shōujù	receipt
19. 贴	（动）	tiē	to stick, to paste
20. 邮票	（名）	yóupiào	postage stamp
21. 应该	（能动）	yīnggāi	should, ought to
22. 重	（形）	zhòng	heavy

补充词汇　Supplementary words

1. 包裹	（名）	bāoguǒ	package
2. 专门	（副、形）	zhuānmén	specially; special
3. 纪念	（动、名）	jìniàn	to commemorate; anniversary
4. 北方	（名）	běifāng	north
5. 杂志	（名）	zázhì	magazine
6. 一生	（名）	yìshēng	whole life, all one's life
7. 页	（量）	yè	page
8. 画报	（名）	huàbào	pictorial
报	（名）	bào	newspaper
9. 握	（动）	wò	to grasp, to hold
10. 着	（助）	zhe	(an auxiliary word)
11. 部分	（名）	bùfen	part, section, portion
12. 中餐	（名）	zhōngcān	Chinese food
13. 西餐	（名）	xīcān	Western food
14. 航空	（动）	hángkōng	to navigate by air
15. 明信片	（名）	míngxìnpiàn	postcard
16. 集邮	（动）	jíyóu	to collect stamps
17. 只要……就……		zhǐyào…jiù…	as long as
18. 文学	（名）	wénxué	literature

三 课堂练习 Exercises

（一）语音　Pronunciation

1. 朗读定调音节　Read aloud the syllables and pay attention to the tones

都听	还听	也听	再听	听的
都读	还读	也读	再读	读的
都写	还写	也写	再写	写的
都看	还看	也看	再看	看的

2. 辨音辨调　Distinguish the sounds and tones

| yóufèi | 邮费 | shōujù | 收据 | yīnggāi | 应该 |
| yōuhuì | 优惠 | shūjì | 书记 | yǐnkāi | 引开 |

| bāokuò | 包括 | zhuānrén | 专人 | jiàoliàn | 教练 |
| bāoguǒ | 包裹 | zhuānmén | 专门 | jìniàn | 纪念 |

| běifāng | 北方 | zázhì | 杂志 | yīshēng | 医生 |
| běifēng | 北风 | zájì | 杂技 | yìshēng | 一生 |

3. 三音节声调　Tones of tri-syllables

chūchāifèi	出差费	péichángfèi	赔偿费
xiūlǐfèi	修理费	shǒuxùfèi	手续费
zhāodàifèi	招待费	méiqìfèi	煤气费
yīyàofèi	医药费	jiǎngkèfèi	讲课费

shuǐdiànfèi	水电费	huǒshífèi	伙食费
bǎojiànfèi	保健费	zhùsùfèi	住宿费
bǎoguǎnfèi	保管费	guàhàofèi	挂号费
bǎoxiǎnfèi	保险费	zhùyuànfèi	住院费

4. 重音　Stress

(1) 你找着手表了没有？

(2) 你找着辅导老师了没有？

(3) 你做完作业了吗？

(4) 你复习完课文了吗？

(5) 这个句子你看懂了吗？

(6) 这课录音你听懂了吗？

（二）词语　Words and phrases

1. 读下列数字（先读出位数，然后直接读数字）　Read the following numbers (first read the digits, then read the numerals)

1,234,567	2,958,326	3,366,754	4,782,615
5,203,966	6,007,008	7,030,520	6,660,880
8,900,435	8,347,000	9,435,349	9,999,901

2. 从本课生词表中选择恰当的词语填空　Fill in the blanks with the appropriate new words from this lesson

(1) 请你们_____书，看第76_____。

(2) 我要_____上海寄一件_____。

(3) 山本正的父亲_____研究中国的历史和文化，是个中国_____。

(4) 白老师的英语_____很高。

(5) 这些_____真漂亮，我买4套。

(6) 学校里边有一个_____，我常常去那儿寄信。

(7) 这封信_____了，_____再贴5毛钱的邮票。

(8) _____邮费便宜，可是太慢了，还是_____吧。

(9) _____你帮我收拾一下房间。

(10) 这个房间打扫得不干净，得_____打扫一下。

(11) 晚饭以后，我一边看＿＿＿＿＿＿，一边听音乐。

(12) 他＿＿＿＿＿＿着我的手说："欢迎，欢迎！"

(13) 我＿＿＿＿＿＿最大的兴趣是看足球比赛。

(14) 小张是＿＿＿＿＿＿人，他爱人是南方人。

(15) 我们班一部分人喜欢吃＿＿＿＿＿＿，一部分人喜欢吃＿＿＿＿＿＿。

（三）模仿造句　Imitate and make up sentences

　　［例］这些书空运还是海运？

　　　　你寄包裹还是挂号信？

(1) 中餐、西餐

(2) 馒头、米饭

(3) 北方、南方

(4) 一套纪念邮票、两套

(5) 杂志、画报

(6) 中文报、英文报

(7) 挂号信、航空挂号信

(8) 去图书馆、回宿舍

（四）按照下列情景，用本课句型谈话　Have a talk on the following topics, using the patterns in the text

(1) 你在邮局买邮票。

(2) 你在邮局寄新年贺卡。

(3) 你在邮局寄包裹。

（五）功能会话：听后模仿　Functional conversations: listen then imitate

1. 一般性问候　Common greetings

(1) A：你好！

　　B：你好！

A：最近忙吗?

B：不太忙。

(2) A：好久不见了，最近身体怎么样?

B：很好。你呢?

A：还行。

B：学习紧张吗?

A：很紧张。

(3) A：你身体怎么样?

B：我身体很好，谢谢!

(4) A：你母亲身体怎么样?

B：很好，谢谢!

(5) A：来中国以后，你生活习惯吗?

B：还行。我很喜欢这个城市，不过，还是有点儿不习惯。

(6) A：来中国以后，你对这儿的生活习惯吗?

B：习惯。我很喜欢这儿的人，也喜欢这儿的天气。

2. 询问日期　Asking about the date

(1) A：今天几号?

B：今天8月6号。

(2) A：今天星期几?

B：今天星期五。

(3) A：现在是几月?

B：现在是8月。

3. 询问动作者　Asking about the actor

(1) A：谁教你们汉语?

B：王老师教我们汉语。

(2) A：谁辅导你英语?

B：艾米辅导我英语。

4. 询问原因或目的　Ask about the reason or the purpose

 (1) A：你为什么学习汉语？

   B：我想去公司当翻译。

 (2) A：你为什么不常给他写信？

   B：我最近太忙了。

 (3) A：你喜欢当教师，能说说原因吗？

   B：教师是最神圣的职业。

 (4) A：金汉成，你怎么一个人在这儿散步？

   B：我身体有点儿不舒服。

 (5) A：你脸色怎么不太好？

   B：这几天学习太紧张，没休息好。

5. 请求：接受或拒绝　Requests: acceptance or refusal

 (1) A：我想请您辅导我汉语。

   B：行。

 (2) A：你帮我找一位辅导老师吧。

   B：行，我现在就去。

 (3) A：您给我开点儿中药吧。

   B：行，有中药也有西药。

 (4) A：您给我介绍一位老师，可以吗？

   B：可以。

 (5) A：你帮我修修自行车，行不行？

   B：没问题。

 (6) A：我想请你帮助我练习发音。

   B：对不起，我最近很忙。

 (7) A：我想请你帮我预订一个房间。

   B：对不起，我现在没空儿。

6. 称赞　Compliments

 (1) A：大内小姐真聪明！

　　 B：出这个主意的人更聪明！

 (2) A：这姑娘真年轻！

　　 B：是啊，又年轻又漂亮。

 (3) A：这种花真好看！

　　 B：那种花更好看！

 (4) A：彼得进步很快。

　　 B：艾米进步更快！

 (5) A：房间打扫得真干净！

　　 B：东西也收拾得很整齐。

7. 喜欢　Likes

 (1) A：这是我们几个送你的花儿。

　　 B：这花儿真漂亮！我很喜欢。

 (2) A：这是我送你的画儿。

　　 B：这画儿真好看！我非常喜欢。

 (3) A：这是方云天送你的词典。

　　 B：这词典太有用了！

四　家庭作业 Homework

（一）词语　Words and phrases

1. 用下列生词至少组成两个短语　Make at least two phrases with each of the following words

 (1) 杂志：_____ _____　　(2) 打开：_____ _____

 (3) 麻烦：_____ _____　　(4) 重新：_____ _____

(5) 专门：_____ _____　　(6) 水平：_____ _____

(7) 应该：_____ _____　　(8) 邮局：_____ _____

2. 判断词语的位置　Put the given words in the proper places

(1) A这些B东西C哪儿D寄？（往）

(2) 往意大利寄一封航空A挂号信B要C多少钱D的邮票？（贴）

(3) 我们A努力B学习，C互相D帮助。（应该）

(4) 昨天A我去书店买了B历史和文化C方面的D书。（一些）

(5) 我A要B去看C他D跳舞。（专门）

(6) 这些A东西B包装得C不好，应该D包装一下。（重新）

（二）阅读　Reading

你真是我们的好女儿

来中国的前一个晚上，妈妈握着艾米的手，说："艾米，你要常给我们打电话，每半个月寄一张明信片。你这是第一次去中国，我真不放心。"

"放心吧，妈妈，我一定会给您寄最漂亮的明信片。我还要在每张明信片上都贴上中国最漂亮的纪念邮票。"

"还是女儿最了解妈妈。我一生最大的兴趣就是集邮。"

爸爸笑着说："艾米，你知道爸爸最喜欢什么？"

"喜欢书，只要看见中国历史、文学方面的书，我就一定给您寄来。"

"谢谢！你真是我们的好女儿。"

1. 选择正确答案　Choose the right answer

(1) 艾米的妈妈最喜欢什么？

　　A. 打电话　　B. 写信　　C. 集邮　　D. 书

(2) 艾米的爸爸最喜欢什么？

　　A. 打电话　　B. 写信　　C. 吸烟　　D. 书

2. 朗读短文　Read the short passage aloud

（三）写作　Writing

根据课文内容完成下边的"艾米的日记（rìjì, diary）"。　Please complete the "艾米的日记 (rìjì, diary)" according to the text.

> **3月18日　　星期日　　上午下雨　　下午多云**
>
> 中国的邮局星期天也可以寄东西，太好了！
>
> 下午我去邮局了。妈妈的生日快到了。我给妈妈寄了一张漂亮的生日贺卡。这张贺卡是上星期专门去买的，很漂亮。妈妈一定会喜欢。
>
> 我还给爸爸寄了一些书……

 语法 Grammar

句子的语用类型　Pragmatic types of sentences

从功能语气上看，句子的语用类型有四种：

According to the function and mood, there are four pragmatic types of sentences:

1. 陈述句是指叙述一个事实或者说话人的看法的句式。例如：

A declarative sentence is to state a fact or the speaker's opinion. E.g.:

（1）他很高兴。

（2）我知道了。

2. 疑问句是指提出问题的句式。例如：

An interrogative sentence is to raise a question. E.g.:

（1）你去哪儿？

（2）你怎么病了？

3. 祈使句是用来表示请求、命令、劝告或建议的句式。例如：

An imperative sentence is used to express a request, order, advice or suggestion. E.g.:

（1）你走！

（2）我一定去！

4. 感叹句是用来抒发感情的句式，可以表达快乐、惊讶、激动或愤怒等强烈的感情。例如：

An exclamatory sentence is used to express one's feelings, it can express strong feelings such as happiness, surprise, excitement or anger, etc. E.g.:

（1）太好了！

（2）真糟糕！

第六课 他喜欢东方文化

一 课文 Text

艾米的爸爸怀特先生是位汉学家。他现在在美国一所大学教汉语。

怀特先生喜欢东方文化，对中国历史、文学都很有研究。

怀特先生的最大爱好是读书。他读书很专心，经常忘记吃饭、睡觉。艾米的妈妈开玩笑说："你那么喜欢书，应该跟书结婚。"怀特先生笑笑，说："不，玛丽，你才是我亲爱的妻子，书只是我的情人。"

今天，怀特先生收到了艾米寄来的书，高兴得多喝了三杯酒！

怀特：亲爱的玛丽，快来看，女儿寄的东西取来了。

玛丽：取来了？啊！我好像看见了我们的女儿。

怀特：你猜，女儿寄来了什么东西？

玛丽：一定是书。

怀特：对了。你看，这些都是中国最近几年出版的新书。有历史方面的，也有文学方面的。啊！还有杂志呢！

玛丽：什么杂志？

怀特：《中国文化研究》。我太高兴了！

玛丽：看见你高兴，我也高兴。

怀特：谢谢你，玛丽，使我更高兴的是……

玛丽：是什么？

怀特：我们的女儿办事特别周到，像她妈妈一样。

玛丽：谢谢你的夸奖。我建议，今天晚上去中国餐厅吃晚饭，庆祝一下。

怀特：庆祝什么？

玛丽：你又有了新的情人！

二 生词 New words

1. 东方	（名）	dōngfāng	east, the East, the Orient
西方	（名）	xīfāng	west, the West
2. 汉学	（名）	hànxué	sinology
3. ……家		…jiā	expert
4. 所	（量）	suǒ	(a measure word for houses, small buildings, institutions, etc.)
5. 爱好	（名）	àihào	interest, hobby
6. 专心	（形）	zhuānxīn	be absorbed
7. 经常	（副）	jīngcháng	often, frequently
8. 忘记	（动）	wàngjì	to forget
忘	（动）	wàng	to forget
9. 开玩笑		kāi wánxiào	to joke, to kid, to make fun of
玩笑	（名）	wánxiào	joke, fun
10. 结婚	（动）	jiéhūn	to marry, to get married
11. 亲爱	（形）	qīn'ài	dear
12. 妻子	（名）	qīzi	wife
13. 情人	（名）	qíngrén	lover
14. 收	（动）	shōu	to receive
15. 杯	（量）	bēi	a cup of, a glass of

16. 酒	（名）	jiǔ	wine, liquor, alcoholic drink
17. 取	（动）	qǔ	to get, to take
18. 好像	（副）	hǎoxiàng	it seems, look like
19. 出版	（动）	chūbǎn	to publish
20. 使	（动）	shǐ	to make, to cause, to tell sb. to do sth.
21. 周到	（形）	zhōudào	thoughtful, considerate
22. 像	（动）	xiàng	to seem, to take after
23. 夸奖	（动）	kuājiǎng	to praise
24. 建议	（动）	jiànyì	to suggest
25. 餐厅	（名）	cāntīng	dining hall
厅	（名）	tīng	hall
26. 庆祝	（动）	qìngzhù	to celebrate

补充词汇 Supplementary words

1. 同意	（动）	tóngyì	to agree, to approve
2. 毛衣	（名）	máoyī	woolen sweater
3. 机票	（名）	jīpiào	air ticket
4. 举办	（动）	jǔbàn	to hold, to conduct
5. 啤酒	（名）	píjiǔ	beer
6. 茅台酒	（名）	máotáijiǔ	Maotai (spirit)
7. 值得	（动）	zhíde	to deserve, to be worth
8. 外国	（名）	wàiguó	foreign country
9. 丈夫	（名）	zhàngfu	husband
10. 照片	（名）	zhàopiàn	photograph
11. 瓶	（量）	píng	a bottle of
12. 点心	（名）	diǎnxin	light refreshments
13. 借	（动）	jiè	to borrow
14. 辆	（量）	liàng	(measure word for vehicles)
15. 袜子	（名）	wàzi	socks, stockings
16. 面包	（名）	miànbāo	bread
17. 先	（副）	xiān	in advance, first, firstly
18. 古老	（形）	gǔlǎo	age-old, ancient

专名 Proper nouns

1. 怀特	Huáitè	White
2. 玛丽	Mǎlì	Mary
3.《中国文化研究》	《Zhōngguó Wénhuà Yánjiū》	*Chinese Culture Research*
4. 香山	Xiāng Shān	Fragrant Hill

二 课堂练习 Exercises

（一）语音 Pronunciation

1. 朗读定调音节 Read aloud the syllables and pay attention to the tones

都听	还听	也听	再听	听的
都读	还读	也读	再读	读的
都写	还写	也写	再写	写的
都看	还看	也看	再看	看的

2. 辨音辨调 Distinguish the sounds and tones

| zhuānxīn | 专心 | jīngcháng | 经常 | xíngrén | 行人 |
| zhōngxīn | 中心 | jīngchéng | 京城 | qíngrén | 情人 |

| hǎoxiàng | 好像 | jiànyì | 建议 | tǒngyī | 统一 |
| biǎoxiàn | 表现 | qiànyì | 歉意 | tóngyì | 同意 |

| màoyì | 贸易 | zhīpiào | 支票 | qǐpàn | 企盼 |
| máoyī | 毛衣 | jīpiào | 机票 | jǔbàn | 举办 |

3. 三音节声调 Tones of tri-syllables

| kēxuéjiā | 科学家 | wénxuéjiā | 文学家 |
| gāngqínjiā | 钢琴家 | zhéxuéjiā | 哲学家 |

shūfǎjiā	书法家	nóngxuéjiā	农学家
sīxiǎngjiā	思想家	yínhángjiā	银行家
fǎxuéjiā	法学家	hànxuéjiā	汉学家
lǐxuéjiā	理学家	shùxuéjiā	数学家
shǐxuéjiā	史学家	yìshùjiā	艺术家
měishíjiā	美食家	jiàoyùjiā	教育家

4. 重音　Stress

(1) 他读书很专心。

(2) 我们的女儿办事特别周到。

(3) 他来教室很早。

(4) 我骑车很慢。

(5) 妈妈给我寄来了一张贺卡。

(6) 艾米给爸爸寄去了一个包裹。

（二）词语　Words and phrases

1. 读下列数字（先读出位数，然后直接读数字）　Read the following numbers (first read the digits, then read the numerals)

　　12,345,678　　26,348,517　　33,682,944　　47,937,256
　　54,007,823　　65,039,270　　60,003,400　　70,000,880
　　80,479,500　　85,080,026　　95,583,174　　99,998,888

2. 从本课生词表中选择恰当的词语填空　Fill in the blanks with the appropriate new words from this lesson

(1) 妈妈寄来一个包裹，我去邮局_____包裹。

(2) 你_____到山本正寄来的信没有？

(3) 你喝什么酒？_____还是_____？

（4）那个电影非常有意思，很_____看。

（5）那本小说非常有意思，_____一看。

（6）这本词典是新_____的。

（7）12月31日学校_____一个晚会_____新年。

（8）老师常常_____我们。

（9）彼得的_____是看电影，他每个星期最少看两次。

（10）我们永远不会_____在北京的生活。

（11）艾米的爸爸专门研究中国的历史和文化，是个_____家。

（12）我_____这个星期天咱们去香山。你们_____吗？

（三）模仿造句　Imitate and make up sentences

1. 替换　Substitution

（1）A：女儿寄来了什么？

B：女儿寄来了一些书。

爸爸　　　　2000美元

妈妈　　　　一件毛衣

哥哥　　　　一张机票

弟弟　　　　两本外国小说

姐姐　　　　三本杂志

妹妹　　　　一张贺卡

丈夫　　　　一些中药

妻子　　　　两套纪念邮票

（2）A：你给她寄去了什么？

B：我给她寄去了一封信。

寄　　　　一个包裹

寄　　　　一些照片

带　　　　一本词典

带　　　　一块手表

拿　　　　一瓶药

拿	一张邮票
送	一枝花儿
送	一些点心

(3) 他<u>又</u>有<u>了</u><u>新的</u>情人。

借	一本外国杂志
买	一辆新自行车
交	一个新朋友
照	一张大照片
画	一张山水画儿
写	一篇新文章
得	感冒
量	体温

(4) A：你<u>买</u>了几<u>个</u><u>本子</u>?

　　B：我<u>买</u>了<u>三</u><u>个</u><u>本子</u>。

买	双	袜子
买	支	钢笔
买	两	茶叶
吃	个	馒头
吃	个	面包
喝	瓶	啤酒
喝	杯	茅台酒
上	节	课

2. 改写句子，把下列句中的"明天"换成"昨天"　Rewrite the following sentences, change "明天" in the following sentences into "昨天"

［例］我明天去香山。→我昨天去香山了。

(1) 新杂志明天出版。

(2) 我们班的同学明天都去看方老师。

(3) 明天彼得不去赵林家。

(4) 我明天去书店买一本《汉英词典》。

(5) 艾米明天去邮局取一件包裹。

(6) 明天我和方云天去自由市场买水果。

(7) 明天我不去图书馆借书。

(8) 山本正明天参加一场足球比赛。

(9) 明天我们为大内举办一个生日晚会。

(10) 我明天在宿舍翻译一篇文章。

（四）按照下列情景，用本课句型谈话　Have a talk on the following topics, using the patterns in the text

(1) 你收到妈妈寄来的信或者包裹以后跟同学谈话。

(2) 你收到朋友寄来的生日礼物以后跟同学谈话。

(3) 你跟同学商量为某人举办一个晚会。

四 家庭作业 Homework

（一）词语　Words and phrases

1. 用下列生词至少组成两个短语　Make at least two phrases with each of the following words

(1) 东方：_____ _____　　(2) 爱好：_____ _____

(3) 经常：_____ _____　　(4) 结婚：_____ _____

(5) 周到：_____ _____　　(6) 庆祝：_____ _____

(7) 建议：_____ _____　　(8) 同意：_____ _____

2. 判断词语的位置　Put the given words in the proper places

(1) 我买A词典B以后去C买D水果。（了）

(2) 小王在A自由市场B买C很多水果D。（了）

（3）贝拉的朋友从上海给A她寄B来C一封挂号信D。（了）

（4）姐姐寄A的包裹B我取C来D。（了）

（5）这个月她给A她爸爸B写C三封信D。（了）

（6）星期日A我们吃B午饭C就去D公园。（了）

（7）昨天同学们看A完B足球比赛C就回D学校了。（了）

（8）明天我们看完A足球比赛B就去C方老师家D。（了）

（9）大内生日那天A方云天给B她C一本《汉日词典》D。（了）

（10）我想A下B课就去C图书馆D。（了）

（11）昨天A我们班B举办C一个晚会，庆祝D大内的生日。（了）

（12）昨天我先A做B作业，然后去C商店买D一些水果。（了）

（二）阅读　Reading

收到了艾米寄来的书

怀特先生是个书迷。他喜欢买书，更喜欢读书。他对中国历史、文学方面的书和杂志特别感兴趣。他经常对艾米说："中国是个古老的国家，有5000年的历史。中国文化值得我们好好研究。不了解这个国家的文化，很难学好这个国家的语言。你要想学好汉语，就要了解中国的文化。"

今天，怀特先生收到了艾米寄来的书，他高兴极了，想庆祝一下，就跟妻子到一个中国饭馆儿吃晚饭。他平时（píngshí, at ordinary times）晚饭只喝一杯酒，可是今天他喝了四杯茅台酒。他一边喝一边说："谢谢你，亲爱的玛丽，你为我生了一个好女儿。"

1. 回答问题　Answer the following questions

（1）为什么说怀特先生是个书迷？

（2）他经常对艾米说什么？

（3）今天他为什么非常高兴？

（4）今天他们为什么去中国饭馆儿吃饭？

（5）怀特为什么要谢谢玛丽？

2. 朗读短文　Read aloud the short passage

五　语法　Grammar

（一）趋向补语（1）　Directional complement (1)

动词述语后边补充说明动作行为趋向的成分叫趋向补语。趋向补语可由趋向动词"来／去"充当。"来"表示动作行为趋向说话人，"去"表示动作行为背离说话人。例如：

The constituent after the verbal predicative to denote the direction of the action is known as a directional complement. The directional verb "来" or "去" can function as a directional complement. "来" indicates that the action tends towards the speaker, while "去" indicates that the action tends away from the speaker. E.g.:

（1）我给他寄去了一封信。

（2）他只寄了一封信来。

（二）动态助词"了$_1$"（1）　The aspectual particle "了$_1$" (1)

动态助词"了$_1$"可表示动作的实现。例如：

The aspectual particle "了$_1$" can indicate the accomplishment of an action. E.g.:

（1）昨天，他买了一双袜子。

（2）吃了晚饭，我们一起散步，好吗？

第七课 我也想多练习口语
Dì-qī kè

一 课文 Text

（一）

（下课之前，白老师问学生对教学有什么意见）

白　华：现在还有一点儿时间，同学们对我的课有什么要求和建议请提一提。哪位先说？
彼　得：老师，我先说。
白　华：请。
彼　得：老师讲语法讲得比较快，请再慢一点儿。

大　内：我觉得老师讲得一点儿也不快。我希望老师讲得再少一点儿，给我们更多的机会练习说。
山　本：对，我也想多练习口语，在课上多听、多说。
白　华：这些意见很好。谁还说？
贝　拉：老师，我查词典查得很慢，能不能加强这方面的训练？
白　华：可以。
艾　米：我有个意见，就是……
白　华：有话就说，别不好意思。
艾　米：您教课很认真，只是，您经常要我们注意身体，天冷多穿衣服，我们已经不是小孩子了。

大　内：这是老师对我们的关心。

山　本：老师有时候对我们太客气了，只是夸奖我们。我们是您的学生，希望您严格要求我们。

金汉成：对！谁上课来晚了，就别让他进教室。

贝　拉：今天早上你就来晚了，怎么也进来了？

（二）

教室里搬来了几把椅子。

艾米问白老师："老师，咱们班是不是要来新同学？"白老师笑着说："不是，有几位老师要来我们班听课。"

"听课？"大内说，"教室里坐着一些不认识的老师，我会紧张的。"

白老师说："大家不要紧张，希望你们还跟以前一样，积极举手回答问题。"

"要是您问我，我不会，多不好意思！"贝拉说。

"那好办。"金汉成说，"会的举右手，不会的举左手。"

📘 生词 New words

1. 意见	（名）	yìjiàn	idea, opinion
2. 们		men	(used after a personal pronoun or a noun referring to a person to form a plural)
3. 要求	（名）	yāoqiú	requirement
4. 提	（动）	tí	to put forward, to bring up
5. 希望	（动）	xīwàng	to hope, to wish

6. 机会	(名)	jīhuì	chance, opportunity
7. 查	(动)	chá	to check, to investigate, to consult
8. 加强	(动)	jiāqiáng	to strengthen, to reinforce
9. 训练	(动)	xùnliàn	to train
10. 不好意思		bù hǎoyìsi	to feel embarrassed
11. 认真	(形)	rènzhēn	earnest
12. 只是	(连)	zhǐshì	but, except that
13. 关心	(动)	guānxīn	to care for
14. 有时候	(副)	yǒushíhou	sometimes
有时	(副)	yǒushí	sometimes
15. 严格	(形)	yángé	strict
16. 晚	(形)	wǎn	late
17. 搬	(动)	bān	to move
18. 把	(量)	bǎ	(a measure word for bunches of things or things with handles)
19. 椅子	(名)	yǐzi	chair
20. 积极	(形)	jījí	positive, active
21. 举	(动)	jǔ	to lift, to hold up, to raise

补充词汇 Supplementary words

1. 沙发	(名)	shāfā	sofa, settee
2. 大家	(代)	dàjiā	all, everybody
3. 改进	(动)	gǎijìn	to improve, to make better
4. 迟到	(动)	chídào	to be late
5. 穿	(动)	chuān	to wear, to put on
6. 桥	(名)	qiáo	bridge
7. 向	(介)	xiàng	towards
8. 请假	(动)	qǐngjià	to ask for leave
9. 取得	(动)	qǔdé	to gain, to obtain, to achieve
10. 完成	(动)	wánchéng	to accomplish, to complete, to fulfil
11. 发言	(动、名)	fāyán	to speak, to make a speech; speech, statement
12. 怕	(动)	pà	to fear, to be afraid of

13. 屋子	（名）	wūzi	room
屋	（名）	wū	room
14. 男孩儿	（名）	nánháir	boy
15. 女孩儿	（名）	nǚháir	girl
16. 讲台	（名）	jiǎngtái	platform
17. 书柜	（名）	shūguì	bookcase
18. 衣柜	（名）	yīguì	wardrobe
19. 书桌	（名）	shūzhuō	writing desk

专名　Proper nouns

1. 北海	Běihǎi	name of a park
2. 颐和园	Yíhé Yuán	Summer Palace

三　课堂练习　Exercises

（一）语音　Pronunciation

1. 朗读定调音节　Read aloud the syllables and pay attention to the tones

都听	还听	也听	再听	听的
都读	还读	也读	再读	读的
都写	还写	也写	再写	写的
都看	还看	也看	再看	看的

2. 辨音辨调　Distinguish the sounds and tones

xīwàng	希望	jīhuì	机会	jiāqiáng	加强
qīwàng	期望	jíhuì	集会	jiàqián	价钱

huānxīn	欢心	jíqí	极其	shāfā	沙发
guānxīn	关心	jījí	积极	shōufā	收发

| dàjiā | 大家 | gǎijìn | 改进 | chídào | 迟到 |
| dǎjià | 打架 | gǎnjǐn | 赶紧 | chìdào | 赤道 |

3. 三音节声调　Tones of tri-syllables

móshùshī	魔术师	kuàijìshī	会计师
nóngyìshī	农艺师	shèjìshī	设计师
yuányìshī	园艺师	yàojìshī	药剂师
mázuìshī	麻醉师	jiànzhùshī	建筑师
gōngchéngshī	工程师	tīnglìkè	听力课
jīxièshī	机械师	kǒuyǔkè	口语课
lǐfàshī	理发师	yǔfǎkè	语法课
shèyǐngshī	摄影师	yuèdúkè	阅读课

4. 语调　Intonation

(1) 太好了!
(2) 太漂亮了!
(3) 太高兴了!
(4) 太有意思了!
(5) 多漂亮!
(6) 多有意思!
(7) 多清楚!
(8) 多不好意思!

（二）词语　Words and phrases

1. 读下列数字（先读出位数，然后直接读数字）　Read the following numbers (first read the digits, then read the numerals)

   123,456,789　　　236,587,241　　　358,094,726
   480,057,600　　　532,790,080　　　658,730,000
   723,358,644　　　889,316,648　　　999,998,888

2. 从本课生词表中选择恰当的词语填空　Fill in the blanks with the appropriate new words from this lesson

   (1) 你的宿舍里有几_____椅子？

   (2) 我很高兴有_____来中国学习。

   (3) 我们班的同学互相_____，互相帮助，跟一家人一样。

   (4) 方老师对我们要求很_____。

   (5) 你怎么_____这么多衣服？

   (6) 上课的时候我们_____回答问题，加强听和说的_____。

   (7) 贝拉回答错了，她有点儿_____。

   (8) 同学们_____了很多好的意见和建议。

   (9) 你会_____汉语词典吗？

   (10) 你今天怎么来_____了？以后不能_____。

   (11) 为什么_____来这么多椅子？

   (12) 她从_____上过来了。

   (13) 我昨天没去上课，忘了_____老师_____了。

   (14) 祝你考试_____好成绩。

   (15) 哪位回答？请_____手。

   (16) 小张学习不努力，常常不_____作业。

   (17) 他的学习方法不太好，应该_____。

   (18) 现在开始自由_____，谁先说？

   (19) 很多同学_____考试，可是我不_____。

（三）句型　Sentence patterns

1. 替换　Substitution

(1) 你看，他从<u>下边</u> <u>上</u>来了。

上边	下
外边	进
里边	出
工厂	回
那边	过
床上	起

(2) 他们在<u>山上</u>等你，快<u>上</u>去吧。

楼下	下
里边	进
外边	出
家里	回
屋子里	进
桥上	过

(3) A：小王呢?

B：她<u>回</u> <u>家</u>去了。

回	宿舍
进	屋
进	厕所
上	楼
上	五层
下	楼
下	二层
到	北海
到	颐和园
到	丁兰那儿

(4) 前边来了一个老人。

　　孩子　　　　　　　大夫

　　男孩儿　　　　　　警察

　　女孩儿　　　　　　外国人

(5) 教室里搬来了几把椅子。

　　教室　　　几张　　　桌子

　　教室　　　一个　　　讲台

　　宿舍　　　一个　　　书架

　　宿舍　　　一个　　　书柜

　　房间　　　一张　　　床

　　房间　　　一个　　　衣柜

(6) 宿舍里少了一个书架。

　　宿舍　　　一张　　　床

　　宿舍　　　一个　　　衣柜

　　教室　　　两把　　　椅子

　　教室　　　三张　　　桌子

　　房间　　　一个　　　书桌

　　房间　　　一个　　　沙发

2. 完成句子，说出说话人和听话人在哪儿　Complete the following sentences and point out where the speaker is, where the listener is

〔例〕比赛开始了，你快过来吧。（过来）[说话人在看比赛，不知道听话人在哪儿]

(1) 这儿好看极了，你快＿＿＿＿吧。（上来）　　[　　　　　　　]

(2) 这儿好看极了，你快＿＿＿＿吧。（下来）　　[　　　　　　　]

(3) 这儿好看极了，你快＿＿＿＿吧。（进来）　　[　　　　　　　]

(4) 这儿好看极了，你快＿＿＿＿吧。（出来）　　[　　　　　　　]

(5) 这儿好看极了，你快＿＿＿＿吧。（过来）　　[　　　　　　　]

(6) 丁兰叫你呢，你快＿＿＿＿吧。（上去）　　　[　　　　　　　]

(7) 丁兰叫你呢，你快＿＿＿＿吧。（下去）　　[　　　　]

(8) 丁兰叫你呢，你快＿＿＿＿吧。（进去）　　[　　　　]

(9) 丁兰叫你呢，你快＿＿＿＿吧。（出去）　　[　　　　]

(10) 丁兰叫你呢，你快＿＿＿＿吧。（过去）　　[　　　　]

（四）按照下列情景，用本课句型谈话　Have a talk on the following topics, using the patterns in the text

(1) 你跟你的同学讨论对教学的意见。

(2) 你跟你的同学讨论星期天去哪儿玩儿。

四 家庭作业 Homework

（一）词语　Words and phrases

用下列生词至少组成两个短语　Make at least two phrases with each of the following words

(1) 要求：＿＿＿＿　＿＿＿＿　　(2) 希望：＿＿＿＿　＿＿＿＿

(3) 加强：＿＿＿＿　＿＿＿＿　　(4) 关心：＿＿＿＿　＿＿＿＿

(5) 认真：＿＿＿＿　＿＿＿＿　　(6) 严格：＿＿＿＿　＿＿＿＿

(7) 积极：＿＿＿＿　＿＿＿＿　　(8) 机会：＿＿＿＿　＿＿＿＿

（二）阅读　Reading

要多听多说

白老师听了同学们的发言以后，说："同学们提出了很多意见和建议，这些意见和建议对改进我们的教学很有帮助。谢谢你们！要想学好汉语，不是件容易的事儿，要多听、多说。上课的时候要积极回答问题，下课以后也要多讲汉语，不要怕说错。对你们的学习，我一定严格要求。希望同学们上课不要迟到，有事儿向老师请假，要按时完成作业。我是你们的老师，也是你们的朋友，希望你们每个人都取得好成绩。"

1. 选择正确答案　Choose the right answer

   (1) 白老师为什么说"谢谢你们"？

   　　A. 同学们提了很多好的意见和建议

   　　B. 同学们上课的时候积极回答问题

   　　C. 同学们上课不迟到

   　　D. 同学们下课以后多讲汉语

   (2) 怎么样才能学好汉语？

   　　A. 多提意见和建议　　　　B. 多听、多说

   　　C. 上课不迟到　　　　　　D. 有事儿向老师请假

   (3) 白老师衷心（zhōngxīn, heartfelt）希望什么？

   　　A. 严格要求同学们　　　　B. 同学们按时完成作业

   　　C. 是同学们的朋友　　　　D. 同学们都取得好的学习成绩

2. 朗读短文　Read aloud the short passage

五 语法 Grammar

（一）趋向补语（2）　Directional complement (2)

趋向动词"上、下、进、出、回、过、起、到"做述语，可带趋向补语"来/去"，见下表：

When the directional verbs "上" "下" "进" "出" "回" "过" "起" or "到" function as predicatives, it can be followed by the directional complement "来" or "去", see the following table:

	上	下	进	出	回	过	起	到
来	上来	下来	进来	出来	回来	过来	起来	到……来
去	上去	下去	进去	出去	回去	过去	/	到……去

上来

上去

下来

下去

进来

进去

出来

出去

回来

回去

起来

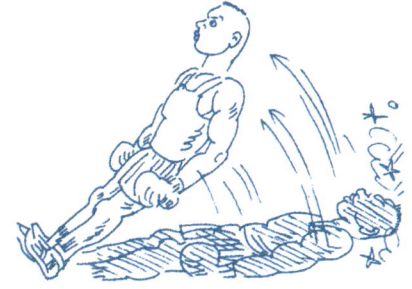

到……来

到……去

A：你过来还是我过去？
B：我不过去了，你过来吧。

（二）隐现句　Appearance-disappearance sentence

表示事物出现或消失的句子简称为隐现句。这种句子的语序是：

A sentence indicating the appearance or disappearance of something is known as an appearance-disappearance sentence. The order of such sentences is as follows:

处所词语＋趋向动词／带趋向补语或结果补语"走"的述补短语／"多"或"少"等＋名词短语

locative word + directional verb / verb or adjective complement phrase with directional complement or resultative complement "走" / "多" or "少" and so on + noun phrase

例如：　For example:

（1）前边来了一个人。

（2）教室里搬来（／走）了几把椅子。

（3）宿舍里多（／少）了一张桌子。

注意：宾语所代表的事物是不确指的。

Point for attention: The objects in such sentences should be indefinite.

第八课 帮我出个主意吧

一 课文 Text

艾　米：大内，帮我出个主意吧。

大　内：怎么回事？

艾　米：我的钱花完了，下午得去换钱。可是去换钱吧，就不能跟语伴儿学习；跟语伴儿学习吧，就来不及去银行。我拿不定主意。

大　内：我给你说一个我的故事。前些天，有人送我两张足球票。可是不巧，比赛的时间是我和方云天辅导学习的时间。后来我就请方云天跟我一起去看比赛，一边看比赛，一边练习说汉语，什么都没耽误。

艾　米：太好了！我有主意了。

（艾米和语伴儿走进银行）

语伴儿：换钱得在这台机器上拿个号。

艾　米：A78，前边只有9个人，等一会儿就到了。

语伴儿：可能得等一个小时。我们坐那儿等叫号吧。

（一个多小时以后，艾米换钱）

艾　米：先生，我换钱。

营业员：换多少？

艾　米：150美元。

营业员：您护照带了吗?

艾　米：给。

营业员：请填一张单子，在这儿签字。

艾　米：用英文写还是用中文写?

营业员：都行。

艾　米：我单子填好了，你看对吗?

营业员：对。请等一会儿。

艾　米：请问，今天美元对人民币的比价是多少?

营业员：100美元兑换646.2元人民币。这是969块3毛，您数一数。

艾　米：没错。谢谢!

生词 New words

1. 怎么回事		zěnme huí shì	what's the matter
回	(量)	huí	time (a measure word)
2. 换	(动)	huàn	to change, to exchange
3. 语伴儿	(名)	yǔbànr	language partner
4. 来不及	(动)	láibují	there's not enough time (to do sth.)
5. 银行	(名)	yínháng	bank
6. 定	(动)	dìng	to decide, to fix, to set
7. 故事	(名)	gùshi	story
8. 不巧		bù qiǎo	unfortunately
9. 后来	(名)	hòulái	afterwards, later
10. 台	(量)	tái	(a measure word for machine)
11. 机器	(名)	jīqì	machine
12. 一会儿	(数量)	yíhuìr	a little while
13. 叫号	(动)	jiàohào	to call the name in due order
14. 护照	(名)	hùzhào	passport
15. 填	(动)	tián	to fill

16. 单子	（名）	dānzi	list, bill, form
17. 签字	（动）	qiānzì	to sign
18. 比价	（名）	bǐjià	rate of exchange
19. 兑换	（动）	duìhuàn	to exchange

补充词汇　Supplementary words

1. 阅读	（动）	yuèdú	to read
2. 法律	（名）	fǎlǜ	law
3. 京剧	（名）	jīngjù	Beijing opera
4. 告诉	（动）	gàosu	to tell, to let know
5. 商量	（动）	shāngliang	to discuss
6. 办公室	（名）	bàngōngshì	office
7. 存	（动）	cún	to save, to store, to keep, to deposit, to exist, to reserve
8. 篮球	（名）	lánqiú	basketball
打篮球		dǎ lánqiú	to play basketball
9. 按照	（介）	ànzhào	according to
按	（介）	àn	according to
10. 规定	（名）	guīdìng	rule, stipulation
11. 然后	（连）	ránhòu	then, after that
12. 事情	（名）	shìqing	thing, affair, matter
13. 筷子	（名）	kuàizi	chopsticks
14. 文件	（名）	wénjiàn	document, file
15. 私人	（名）	sīrén	private, personal
16. 外币	（名）	wàibì	foreign currency
17. 纸	（名）	zhǐ	paper
18. 干吗	（代）	gànmá	why
19. 还	（动）	huán	to return, to give back
20. 基础	（名）	jīchǔ	foundation, base
21. 窗户	（名）	chuānghu	window
22. 擦	（动）	cā	to clean, to rub, to wipe
23. 爬	（动）	pá	to climb, to crawl
24. 顶	（名）	dǐng	peak, top

二 课堂练习 Exercises

（一）语音　Pronunciation

1. 朗读定调音节　Read aloud the syllables and pay attention to the tones

都听	还听	也听	再听	听的
都读	还读	也读	再读	读的
都写	还写	也写	再写	写的
都看	还看	也看	再看	看的

2. 辨音辨调　Distinguish the sounds and tones

yínháng	银行	bǐjiào	比较	jīqì	机器
yǐnháng	引航	bǐjià	比价	jíqí	极其

dānzi	单子	yuèdú	阅读	fǎlǜ	法律
dǎnzi	胆子	yúdú	余毒	fǎlìng	法令

jīngjù	京剧	gàosu	告诉	shāngliang	商量
jǐngjù	警句	gāosù	高速	shànliáng	善良

3. 三音节声调　Tones of tri-syllables

shōufāshì	收发室	chuándáshì	传达室
gēngyīshì	更衣室	shíyànshì	实验室
zīliàoshì	资料室	shǒushùshì	手术室
yīwùshì	医务室	dǎyìnshì	打印室

bàngōngshì	办公室	yuèlǎnshì	阅览室
lùyīnshì	录音室	huàyànshì	化验室
hòuchēshì	候车室	huìkèshì	会客室
hòujīshì	候机室	huìyìshì	会议室

4. 重音　Stress

(1) 小王走进了那个楼。

(2) 白老师已经走出了教室。

(3) 他已经搬进了一把椅子。

(4) 王欢只买回了一些水果。

5. 语调　Intonation

(1) 你走!

(2) 快来!

(3) 不行!

(4) 不可以!

(5) 咱们一起去吧!

(6) 我跟你一起走吧!

(7) 你别走了!

(8) 你别说了!

(二) 词语　Words and phrases

1. 从本课生词表中选择恰当的词语填空　Fill in the blanks with the appropriate new words from this lesson

(1) 今天日元对人民币的_____是多少?

(2) 我先去_____换钱，_____去商店买东西。

(3) 他在医院看病等_____等了一个多小时。

(4) 星期日去哪儿玩儿，你拿_____主意了吗?

(5) 他的手机里_____着很多好听的音乐。

(6) 你会用中文填这张_____吗?

(7) 下课以后白老师回_____去了。

(8) 今天下午中国学生跟韩国学生比赛_____。

(9) 这件事情别_____她。

(10) _____学校的_____，每个学生都应该参加考试。

(11) 他2000年到2003年在日本，_____又去美国工作了两年。

(12) 你来找我有什么_____？

(13) 按中国人的习惯，用_____吃饭。

(14) 我累了，咱们休息_____吧。

(15) 小王，上午收到的那个_____你_____在哪儿了？

2. 回答问题（注意使用本课的生词） Answer the following questions (Use the new words in this lesson)

(1) 你去哪儿换钱？

(2) 在银行去换钱的时候要做什么？

(3) 大内说的故事是不是真的？

(4) 你们有阅读课吗？

(5) 你喜欢去私人商店买东西吗？

(6) 你有外币吗？有什么外币？

(7) 请问，留学生办公室在哪儿？

(8) 今天英镑对人民币的比价是多少？

(9) 你有纸吗？借给我一张。

(10) 你看，我填的单子对不对？

(11) 你干吗换那么多钱？

(12) 我去还书，你去不去？

(13) 你会不会唱京剧？

(14) 你什么时候会跟朋友商量？

(15) 学校有什么规定？

(16) 微信可以给在国外的朋友发文件吗？

(三) 句型　Sentence patterns
　　1. 替换　Substitution
　　　(1) A：你 单子 填好 了吗?
　　　　　B：我 单子 填好 了。

　　　　　　作业　　　　做完
　　　　　　生词　　　　记住
　　　　　　课文　　　　看懂
　　　　　　录音　　　　听懂
　　　　　　文件　　　　存好
　　　　　　中药　　　　买来
　　　　　　房间　　　　打扫
　　　　　　机票　　　　预订
　　　　　　包裹　　　　取来
　　　　　　电话　　　　打通

　　　(2) A：他 汉语 学得怎么样?
　　　　　B：他 汉语 学得很好。

　　　　　　作业　　做　　认真
　　　　　　课文　　念　　流利
　　　　　　汉字　　写　　清楚
　　　　　　词典　　查　　快
　　　　　　基础　　打　　好
　　　　　　窗户　　擦　　干净
　　　　　　足球　　踢　　好
　　　　　　篮球　　打　　好
　　　　　　京剧　　唱　　好听
　　　　　　房间　　收拾　整齐

　　　(3) 她已经爬上了山顶。

　　　　　　走下　　　　楼
　　　　　　走进　　　　办公室

跑出　　　公园
还回　　　那本书
走过　　　那座桥
拿起　　　筷子
来到　　　北京

2. 把下列词语连成句子　Put the words into sentences
（1）京剧　唱　他　好　得　很
（2）白老师　擦　干净　很　黑板　得
（3）单子　错　填　了　贝拉
（4）房间　干净　大内　得　很　打扫
（5）没　记　我　生词　住
（6）艾米　通　电话　没　打
（7）笔试　金汉成　不　好　考　太　得
（8）清楚　语法　方老师　特别　得　讲
（9）山本　图书馆　刚　进　了　走
（10）丁兰　邮局　取　从　回　包裹　的　她　了

（四）按照下列情景，用本课句型谈话　Have a talk on the following topics, using the patterns in the text
（1）你有一件事情拿不定主意，跟你的同学商量。
（2）你在银行换钱，你和你的同学分别扮演顾客和营业员。

四 家庭作业 Homework

（一）词语　Words and phrases
用下列生词至少组成两个短语　Make at least two phrases with each of the following words

(1) 换：_____ _____　　(2) 擦：_____ _____

(3) 填：_____ _____　　(4) 爬：_____ _____

(5) 告诉：_____ _____　(6) 存：_____ _____

(7) 机器：_____ _____　(8) 还：_____ _____

(9) 事情：_____ _____　(10) 商量：_____ _____

(11) 规定：_____ _____　(12) 来不及：_____ _____

（二）阅读　Reading

去银行换钱是一件快乐的事情

艾米的人民币花完了，想换点儿钱。可是下午是她和语伴儿练习口语的时间。大内建议她和语伴儿商量一下，可不可以一起去银行。她的语伴儿同意了。

银行里人比较多，她们先在机器上拿了一个号，然后一边等叫号，一边聊天儿。

语伴儿告诉艾米，按照中国的法律规定，外国人换人民币或者中国人换外币，都只能去银行，不能找私人换。艾米告诉语伴儿，在美国换钱的地方很多，机场、宾馆、银行都可以，还有专门的兑换点（duìhuàn diǎn, exchange place），不过比价可能不一样。她们还聊了很多有意思的事情，换钱和学习都没耽误。

艾米觉得这个下午过得很快乐。

1. 判别正误　True or false

(1) 艾米的钱花完了，想去银行取钱。

(2) 艾米和大内一起去换钱。

(3) 语伴儿愿意和艾米一起去银行。

（4）银行里人很少。

（5）艾米在机器上换钱。

（6）在中国不可以跟私人换钱。

（7）美国可以换钱的地方很多。

（8）艾米过了一个快乐的下午。

2. 朗读短文　Read aloud the short passage

（三）写作　Writing

以"一件快乐的事情"为题，写一篇200字左右的文章。　Write an article about 200 words under the title of "一件快乐的事情".

五 语法 Grammar

（一）主谓谓语句（2）　Clausal predicate sentence (2)

受事为次话题，施事主语前置的句子也是主谓谓语句。这种主谓谓语句的语序是：

When the patient becomes the sub-topic, and the agentive subject preposes, which is also known as a clausal predicate sentence. The order of such sentences is as follows:

施事＋受事＋动作行为＋结果／趋向／状态等

agent + patient + action + result/direction/state and so on

主语 zhǔyǔ	谓语 wèiyǔ	
	主语 zhǔyǔ	谓语 wèiyǔ
我	单子	填好了。
我	作业	做完了。
他	中药	买来了。
他	房间	收拾得很整齐。

（二）趋向补语（3）　　Directional complement (3)

一般表动作行为的动词述语可以带由趋向动词"上、下、进、出、回、过、起、到"及"开"充当的趋向补语。

Generally, the verbal predicative indicating an action can be followed by the directional verbs "上" "下" "进" "出" "回" "过" "起" "到" or "开", and forms a directional complement.

（三）时量补语（1）　　Time-measure complement (1)

动词述语可带不定量的时量补语，例如："等一会儿""想了好久"。

A verbal predicative can be followed by an indefinite time-measure complement, such as "等一会儿" and "想了好久".

第九课 你的服务态度真好

一 课文 Text

（一）

大内想买一条丝绸的裙子。在网上买吧，她担心不合适；去商场买吧，价格比较贵。白华老师知道后，给她介绍了一家商店。白老师说大内可以在那儿买自己喜欢的面料做裙子。

大　内：请问，这儿有丝绸吗？
售货员：有。你看，这些都是丝绸。
大　内：质量怎么样？
售货员：质量很好，非常受欢迎。
大　内：这些丝绸是哪儿生产的？
售货员：苏州生产的。这批面料我们卖得特别快。
大　内：这种多少钱一米？
售货员：98块5。
大　内：太贵了，你们这儿别的丝绸面料才70多块一米。
售货员：一分钱一分货，这是苏州的名牌儿产品。
大　内：90块一米，行不行？
售货员：我们商场都是明码标价，不讨价还价。

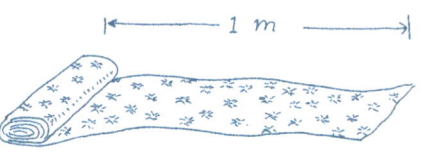

（二）

大　内：那拿下来看看，可以吗？

售货员：当然可以。你要哪种颜色的?

大　内：最边上的那种。

售货员：你做什么衣服?

大　内：我想做一条裙子。

售货员：我觉得这种颜色对你不太合适。

大　内：那麻烦你帮我挑一种吧。

售货员：我看还是这种好。这种颜色的裙子穿在你身上一定更漂亮。

大　内：是吗? 谢谢你，我买三米。

售货员：你做一条这种样子的裙子两米七就够了，买多了浪费。

大　内：你的服务态度真好!

生词 New words

1. 态度	（名）	tàidu	manner, attitude
2. 丝绸	（名）	sīchóu	silk
3. 裙子	（名）	qúnzi	skirt
4. 价格	（名）	jiàgé	price
5. 面料	（名）	miànliào	shell fabric
6. 售货员	（名）	shòuhuòyuán	shop assistant
货	（名）	huò	goods
……员		…yuán	a person engaged in some field of activity
7. 质量	（名）	zhìliàng	quality
8. 受	（动）	shòu	to accept, to suffer, to endure
9. 生产	（动）	shēngchǎn	to produce, to manufacture
10. 批	（量）	pī	batch, group
11. 别的	（代）	biéde	other, another
12. 名牌儿	（名）	míngpáir	famous brand
13. 产品	（名）	chǎnpǐn	product

14. 商场	（名）	shāngchǎng	emporium
15. 明码标价		míngmǎ biāojià	list prices, clearly marked prices
价	（名）	jià	price
16. 讨价还价		tǎojià-huánjià	to bargain
17. 那	（连）	nà	then, in that case
18. 颜色	（名）	yánsè	color
19. 挑	（动）	tiāo	to choose, to select, to pick
20. 身上	（名）	shēnshang	on one's body
21. 样子	（名）	yàngzi	appearance, shape
22. 够	（动）	gòu	to suffice
23. 浪费	（动）	làngfèi	to waste

补充词汇 Supplementary words

1. 上衣	（名）	shàngyī	jacket, upper outer garment
2. 西服	（名）	xīfú	suit
3. 表演	（动）	biǎoyǎn	to perform
4. 衬衫	（名）	chènshān	shirt
5. 改变	（动）	gǎibiàn	to change, to alter
6. 裤子	（名）	kùzi	pants, trousers
7. 经过	（动）	jīngguò	to pass, to go through
8. 外套	（名）	wàitào	coat, outer garment
9. 相当	（副）	xiāngdāng	quite
10. 充分	（形）	chōngfèn	full, abundant, ample
11. 节目	（名）	jiémù	program, performance
12. 照顾	（动）	zhàogù	to take care of, to look after
13. 十分	（副）	shífēn	very, fully, extremely
14. 教授	（名）	jiàoshòu	professor
15. 太太	（名）	tàitai	Mrs., Madame
16. 女士	（名）	nǚshì	lady
17. 主席台	（名）	zhǔxítái	podium
主席	（名）	zhǔxí	chairman
18. 师傅	（名）	shīfu	master, master worker
19. 某	（代）	mǒu	certain
20. 于是	（连）	yúshì	as a result, thereupon

21. 价值	（名）	jiàzhí	value, worth

专名 Proper nouns

1. 苏州	Sūzhōu	name of a city
2. 钱	Qián	a Chinese surname
3. 孙	Sūn	a Chinese surname
4. 周	Zhōu	a Chinese surname
5. 吴	Wú	a Chinese surname
6. 郑	Zhèng	a Chinese surname

三 课堂练习 Exercises

（一）语音 Pronunciation

1. 朗读定调音节 Read aloud the syllables and pay attention to the tones

都听	还听	也听	再听	听的
都读	还读	也读	再读	读的
都写	还写	也写	再写	写的
都看	还看	也看	再看	看的

2. 辨音辨调 Distinguish the sounds and tones

shìliàng	适量	shēnzhǎn	伸展	zhǎnpǐn	展品
zhìliàng	质量	shēngchǎn	生产	chǎnpǐn	产品

yánsè	颜色	shànyì	善意	xīfú	西服
yínsè	银色	shàngyī	上衣	xífu	媳妇

biǎoyǎn	表演	chǎngzhǎng	厂长	shòupiàn	受骗
bǎoyǎng	保养	shāngchǎng	商场	shǒubiān	手边

3. 三音节声调　Tones of tri-syllables

cānyìyuán	参议员	yíngyèyuán	营业员
sīlìngyuán	司令员	fúwùyuán	服务员
gōngwùyuán	公务员	pínglùnyuán	评论员
chuīshìyuán	炊事员	chéngwùyuán	乘务员
fǔdǎoyuán	辅导员	shòuhuòyuán	售货员
zhǐdǎoyuán	指导员	shòupiàoyuán	售票员
jiǎngjiěyuán	讲解员	jiàoliànyuán	教练员
guǎnlǐyuán	管理员	huàyànyuán	化验员

4. 语调　Intonation

(1) 小王！

(2) 丁兰！

(3) 师傅！

(4) 赵老师！

（二）词语　Words and phrases

从本课生词表中选择恰当的词语填空　Fill in the blanks with the appropriate new words from this lesson

(1) 昨天贝拉买了两米＿＿＿＿，她要做一条＿＿＿＿。

(2) 这种鞋是上海的名牌儿＿＿＿＿。

(3) 在大商场买东西不能＿＿＿＿。

(4) 那家水果店的水果＿＿＿＿比较便宜，＿＿＿＿也不错。

(5) 这件＿＿＿＿不大不小，很合适。

(6) 我不知道哪种＿＿＿＿好，请你帮我＿＿＿＿一件，好吗？

(7) 王才今天穿着一套新＿＿＿＿。

(8) 贝拉昨天同意＿＿＿＿＿＿＿汉语节目，今天又说不同意，她＿＿＿＿＿＿＿主意了。

(9) 我做一条＿＿＿＿＿＿＿，买一米二＿＿＿＿＿＿＿吗？

(10) 这个城市缺水，请不要＿＿＿＿＿＿＿水。

(11) 俗话说（súhuà shuō, as the saying goes），便宜没好＿＿＿＿＿＿＿，好＿＿＿＿＿＿＿不便宜。

(12) ＿＿＿＿＿＿＿一个多月的学习，我们的汉语水平提高了很多。

(13) 在自由市场买东西，你会＿＿＿＿＿＿＿骗吗？

（三）句型　Sentence patterns

1. 替换　Substitution

(1) A：<u>昨天的作业</u>你<u>做完</u>了吗？

B：<u>昨天的作业</u>我<u>做完</u>了。

今天的语法	复习完
那批货	卖完
给妈妈的信	写完
给小刘的信	寄走
女儿的包裹	取来
我要的书	拿来
那件衬衫	做好
那件上衣	做好
那条裙子	做好
那条裤子	做好

(2) A：<u>这件事情</u>他们<u>做</u>得怎么样？

B：<u>这件事情</u>他们<u>做</u>得很好。

那批货	卖	特别快
那套西服	做	非常好
那件外套	做	相当好

那些衣服	洗	干净极了
那些窗户	擦	不太干净
这个问题	回答	很好
这次考试	准备	相当充分
汉语节目	准备	相当认真
汉语节目	表演	好极了
那些病人	照顾	十分周到

(3) A：谁从那边走过来了？

　　B：赵师傅从那边走过来了。

钱先生	里边	出来
孙教授	外边	进来
李主任	楼上	下来
周院长	楼下	上来
吴小姐	那儿	出来
郑太太	这儿	进去
王女士	门口儿	进去

(4) A：王老师呢？

　　B：王老师 走上 楼去了。

吴教授	跑下	楼
钱校长	走进	办公室
孙主任	走上	主席台
于先生	走进	教室
丁师傅	走回	家
周小姐	游过	河

2. 把下列句中的宾语放在"来／去"之后　Put the objects of the sentences after "来/去"

(1) 小张买回一瓶茅台酒来。

(2) 艾米给爸爸寄回一个包裹去。

（3）丁兰从钱包里拿出100块钱来。

（4）于文从外边带进一个孩子来。

（5）王才从教室里搬出两把椅子去。

（6）方云天从学校带回一个足球去。

（7）方龙从楼下拿上两瓶饮料来。

（8）王欢给我送过一封信来。

（四）按照下列情景，用本课句型谈话　Have a talk on the following topics, using the patterns in the text

（1）你在大商场买衣服。

（2）你在自由市场买水果。

四 家庭作业 Homework

（一）词语　Words and phrases

1. 用下列生词至少组成两个短语　Make at least two phrases with each of the following words

（1）挑：＿＿＿＿ ＿＿＿＿　　（2）别的：＿＿＿＿ ＿＿＿＿

（3）受：＿＿＿＿ ＿＿＿＿　　（4）浪费：＿＿＿＿ ＿＿＿＿

（5）质量：＿＿＿＿ ＿＿＿＿　（6）照顾：＿＿＿＿ ＿＿＿＿

（7）生产：＿＿＿＿ ＿＿＿＿　（8）样子：＿＿＿＿ ＿＿＿＿

（9）改变：＿＿＿＿ ＿＿＿＿　（10）态度：＿＿＿＿ ＿＿＿＿

2. 判断词语的位置　Put the given words in proper places

（1）他从A书架上B拿下C两本日文书D和一本《汉日词典》。（来）

（2）丁兰和于文A走B上C楼D了。（去）

（3）艾米A跑B下C楼D了。（去）

（4）艾米去邮局A取回B一个包裹，还寄C了两封信D。（来）

（5）我给A妹妹B寄C了几件衣服D和一些书。（去）

（6）谁A走B出C教室D了？（去）

（7）白老师刚走进A教室B就C开始上课D。（来）

（二）阅读　Reading

这双鞋是那块丝绸换的

有一天，李某到某商场买丝绸。一块1米2的丝绸，经过讨价还价，售货员同意80元卖给他。可是付钱的时候，李某想：我的上衣还是新的，还能穿很长时间。于是对售货员说："我开始的时候想买这块丝绸做上衣，现在我改变主意了。你给一双价值80元的鞋吧。"

售货员拿出一双鞋来，李某拿着鞋就走。售货员说："你还没付钱呢！"

"付什么钱？这双鞋是用那块丝绸换的。"

"可是你没付丝绸钱。"

"奇怪！我没拿你的丝绸，怎么还要付钱？"

1. 判别正误　True or false

（1）李某付了80元钱买丝绸。

（2）李某开始的时候想做一件上衣，后来改变主意了。

（3）李某用他的丝绸换了售货员一双鞋。

（4）李某应该付80元鞋钱。

（5）李某不应该付80元鞋钱。

2. 朗读短文　Read aloud the short passage

五 语法 Grammar

（一）主谓谓语句（3） Clausal predicate sentence (3)

受事为主话题，施事主语后置的句子也是主谓谓语句。这种主谓谓语句的语序是：

When the patient becomes the main topic, and the agentive subject postposes, which is also known as a clausal predicate sentence. The order of such sentences is as follows:

受事＋施事＋动作行为＋结果／趋向／状态等

patient + agent + action + result/direction/state and so on

主语 zhǔyǔ	谓语 wèiyǔ	
	主语 zhǔyǔ	谓语 wèiyǔ
昨天的作业	我	已经做了。
信	他	写完了。
你要的书	我	拿来了。
这批货	我们	卖得特别快。

（二）趋向补语（4） Directional complement (4)

一般表动作行为的动词述语可带由"上、下、进、出"等趋向动词和"来／去"构成的复合趋向补语。例如："走进来""拿回去"。

Generally, the verbal predicative indicating an action can be followed by a complement of compound direction, which is composed of the directional verbs "上" "下" "进" or "出", etc. and "来" or "去", such as "走进来" and "拿回去".

注意：（1）有处所宾语时，处所宾语要放在"来／去"之前。（2）有受事宾语时，受事宾语一般放在"来／去"之前；如果强调列举、对比或连续的动作行为，则要放在"来／去"之后。例如：

Points for attention: (1) If there is a locative object in such a sentence, it should be placed before "来" or "去". (2) If there is a patient object of the action, it is usually placed before "来" or "去"; but if the action is enumerated, contrasted or continued, the patient object of the action should be placed after "来" or "去". E.g.:

（1）他坐下来了。

（2）王老师走上楼去了。

（3）我换回钱来了。

（4）他带进来一位老人和一个孩子。

（5）他只带进来一位老人。

（6）他搬进来一把椅子，还想搬进来一张桌子。

第十课　发给爸爸妈妈的邮件

一　课文 Text

亲爱的爸爸、妈妈：

你们好！海伦也好吗？

爸爸妈妈不会忘记吧？今天是你们的银婚纪念日。我祝爸爸妈妈身体健康，生活幸福。现在我在遥远的中国学习汉语，可是我的心永远和你们连在一起。

来中国已经一个多月了，我慢慢地习惯了这儿的生活。我每天7点起床，8点上课，下午去图书馆学习，4点以后去操场学打太极拳。晚上，我有时候写作业，有时候看电视或视频。以前我常常去网吧，今天我买了一台笔记本电脑，这样在宿舍学习、上网就更方便了。这里的学习条件很好，每天的生活都很紧张，可是特别有意思。

我在这个学校的短期班学习。学习很忙，也很累，可是我的汉语水平不断提高，现在能和中国人说很多话了。我还交了几个新朋友。这儿的老师、同学对我都很关心，我也很喜欢他们。我们在一起共同学习，共同进步。可以说，我在中国度过了一个多月的美好时光。

从上星期开始，我参加了中国歌曲学习班，已经学会了三首中国歌。我最喜欢的一首是《世上只有妈妈好》。请爸爸别误会，您也很好。

一阵微风吹进我的房间,好凉快呀!愿这夏天的晚风,带去我对爸爸妈妈的问候。

附件里的那个音频文件就是我唱的歌。除了歌以外,还有几张照片。我该洗澡了。下次再谈。

你们的女儿:艾米

×年×月×日

二 生词 New words

1. 银婚	(名)	yínhūn	silver wedding
银子	(名)	yínzi	silver
银	(名)	yín	silver
2. 纪念日	(名)	jìniànrì	commemoration day
3. 遥远	(形)	yáoyuǎn	distant
4. 连	(动)	lián	to link, to connect
5. 地	(助)	de	(a structural particle)
6. 打太极拳		dǎ tàijíquán	to do Taijiquan
太极拳	(名)	tàijíquán	a kind of traditional Chinese shadowboxing
拳	(名)	quán	fist
7. 电视	(名)	diànshì	television
8. 视频	(名)	shìpín	video
9. 网吧	(名)	wǎngbā	internet bar
10. 笔记本电脑		bǐjìběn diànnǎo	laptop
笔记本	(名)	bǐjìběn	notebook, notebook computer
电脑	(名)	diànnǎo	computer
手提电脑		shǒutí diànnǎo	laptop
11. 上网	(动)	shàngwǎng	to surf online
12. 这里	(代)	zhèli	here
13. 条件	(名)	tiáojiàn	condition, requirement
14. 短期	(形)	duǎnqī	short-term
短	(形)	duǎn	short

15. 不断	(副)	búduàn	continuously	
16. 提高	(动)	tígāo	to improve	
17. 共同	(副、形)	gòngtóng	together; common	
18. 度过	(动)	dùguò	to spend	
19. 美好	(形)	měihǎo	fine, happy	
20. 时光	(名)	shíguāng	time	
21. 歌曲	(名)	gēqǔ	song	
22. 首	(量)	shǒu	(a measure word for poems and songs)	
23. 世上	(名)	shìshàng	in the world	
24. 只有	(连)	zhǐyǒu	only	
25. 阵	(量)	zhèn	(a measure word for events or states of short duration)	
26. 微风	(名)	wēifēng	gentle breeze	
微	(形)	wēi	tiny	
27. 吹	(动)	chuī	to blow	
28. 愿	(能动)	yuàn	to hope, to wish, to be willing	
29. 问候	(动)	wènhòu	to greet	
30. 附件	(名)	fùjiàn	attachment	
31. 音频	(名)	yīnpín	audio	
32. 除了……以外		chúle…yǐwài	except, apart from	
33. 洗澡	(动)	xǐzǎo	to have a bath	

补充词汇 Supplementary words

1. 金婚	(名)	jīnhūn	golden wedding
金子	(名)	jīnzi	gold
金	(名)	jīn	gold
2. 长期	(形)	chángqī	long-term
3. 结	(动)	jié	to tie, to form
4. 深厚	(形)	shēnhòu	deep
5. 相亲相爱		xiāngqīn-xiāng'ài	to love each other devotedly
相	(副)	xiāng	each other, mutually
6. 白头到老		báitóu-dàolǎo	to remain a devoted couple to the end of their lives
7. 虽然	(连)	suīrán	although

第十课　发给爸爸妈妈的邮件

8. 但是	（连）	dànshì	but
但	（连）	dàn	but

三 课堂练习　Exercises

（一）语音　Pronunciation

1. 朗读定调音节　Read aloud the syllables and pay attention to the tones

都听	还听	也听	再听	听的
都读	还读	也读	再读	读的
都写	还写	也写	再写	写的
都看	还看	也看	再看	看的

2. 辨音辨调　Distinguish the sounds and tones

měihǎo	美好	tígāo	提高	guòqù	过去
mǎihǎo	买好	tíbāo	提包	gēqǔ	歌曲

shíshàng	时尚	wǔhuì	舞会	búdàn	不但
shìshàng	世上	wùhuì	误会	búduàn	不断

cānguān	参观	xǐzǎo	洗澡	hùjiān	护肩
sān guān	三关	xǐjiǎo	洗脚	fùjiàn	附件

3. 三音节声调　Tones of tri-syllables

kāfēiguǎn	咖啡馆	túshūguǎn	图书馆
tiānwénguǎn	天文馆	yíngbīnguǎn	迎宾馆
gōngshǐguǎn	公使馆	bówùguǎn	博物馆
lǐngshìguǎn	领事馆	wénhuàguǎn	文化馆

zhǎnlǎnguǎn	展览馆	dàshǐguǎn	大使馆
lǐfàguǎn	理发馆	zhàoxiàngguǎn	照相馆
měishùguǎn	美术馆	jìniànguǎn	纪念馆
tǐyùguǎn	体育馆	sùcàiguǎn	素菜馆

(二) 词语　Words and phrases

1. 回答问题（注意使用本课的生词）　Answer the following questions (Use the new words in this lesson)

   (1) 你会打太极拳吗?

   (2) 你常去操场打球吗?

   (3) 你会唱中国歌曲吗? 会唱什么歌?

   (4) 你喜欢看中国电影吗?

   (5) 你常常看短视频吗?

   (6) 什么时候是你爸爸妈妈的银婚纪念日?

   (7) 什么时候是他们的金婚纪念日?

   (8) 你在长期班学习还是在短期班学习?

   (9) 明天大内上子举办生日晚会, 你参加吗?

   (10) 你们国家冬天常常刮风吗?

   (11) 你常写邮件问候你的爸爸妈妈吗?

   (12) 你的汉语水平提高得快不快?

2. 从本课生词表中选择恰当的词语填空　Fill in the blanks with the appropriate new words from this lesson

   (1) 明天是我爸爸和妈妈的_____纪念日。

   (2) 明天是我爷爷和奶奶的_____纪念日。

   (3) 你喜欢听中国_____还是外国_____?

   (4) 我永远不会忘记在中国_____的_____时光。

   (5) 你会唱《_____只有妈妈好》这_____歌吗?

(6) 运动员（yùndòngyuán, athlete）_____努力训练，才能有好成绩。

(7) 愿这首歌带去我对您的_____。

(8) 今年春天她离开爸爸妈妈，来到_____的中国。

(9) 我收到你的邮件了，不过第二个_____打不开。

(10) 我今年在_____班学习，明年去_____班。

(11) 在大学学习的时候，他们_____下了_____的友谊。

(12) 我们学校旁边有一个_____，我常常去那儿_____。

(13) 上课的时候多练习口语是我们_____的要求。

(14) 我们应该努力_____汉语水平。

(15) 愿你们的心永远连在一起，相亲相爱，_____。

(16) 我每天早上在操场打_____。

（三）成段表达（注意说话／写作的条理性） Say as much as possible on the following topics (with proper arrangement in your words)

(1) 谈谈你一天的生活。

(2) 谈谈你来中国以后的学习情况。

(3) 练习写一封邮件。

（四）功能会话：听后模仿 Functional conversations: listen then imitate

1. 询问范围 Asking about a matter in certain aspects

(1) A：哪方面不习惯？

B：人多。到处都是人，公共汽车上也很挤。

(2) A：你哪方面不习惯？

B：我不习惯这儿的天气，夏天太热。

2. 询问动作对象 Asking about the object of the action

(1) A：白老师教他们什么？

B：白老师教他们汉语。

(2) A：他们叫你什么?

　　B：他们叫我小马。

(3) A：女儿寄来了什么东西?

　　B：女儿寄来了一些书。

(4) A：你给她寄去了什么东西?

　　B：我给她寄去了一封信。

(5) A：你买了什么东西?

　　B：我买了三个本子。

(6) A：你吃了什么东西?

　　B：我吃了一碗米饭。

(7) A：她从桌子上拿起了什么东西?

　　B：她从桌子上拿起了一杯酒。

(8) A：他买回什么来了?

　　B：他买回一瓶茅台酒来。

(9) A：他买回来了什么?

　　B：他买回来一瓶茅台酒。

3. 问候病人　Greeting patients

(1) A：听说您身体不好,我们来看看您。

　　B：谢谢,快请坐。

(2) A：听说你病了,我来看看你。

　　B：谢谢,来坐吧。

(3) A：现在好一些了吗?

　　B：吃了药以后不发烧了。

(4) A：您觉得好点儿了吗?

　　B：好多了。

(5) A：他身体怎么样了?

　　B：他身体好点儿了。

(6) A：他的病怎么样了？

　　B：他的病好多了。

(7) A：您好好休息吧！

　　B：谢谢你们来看我。

4. 祝愿　Good wishes

(1) A：祝你生日快乐！

　　B：谢谢！

(2) A：祝你生日快乐，天天快乐！

　　B：谢谢你！

(3) A：祝你永远快乐，永远幸福！

　　B：非常感谢！

(4) A：祝您健康长寿！（对老人）

　　B：谢谢！

(5) A：我代表我爸爸祝你生日快乐！

　　B：谢谢，非常感谢！

(6) A：祝你新年快乐！

　　B：谢谢！

(7) A：祝你事事顺利！

　　B：太感谢你们了！

(8) A：祝您早日恢复健康！

　　B：谢谢！

(9) A：愿你们相亲相爱，白头到老。（对新婚夫妇）

　　B：谢谢！

(10) A：愿你们天天进步，汉语水平不断提高。

　　B：谢谢！

5. 招待　Entertaining guests

　　（1）A：请坐，你喝点儿什么？

　　　　 B：随便。

　　　　 A：尝尝中国的乌龙茶吧。

　　（2）A：你喝点儿什么？

　　　　 B：什么都行。

　　　　 A：喝点儿饮料吧。

　　（3）A：你喝点儿什么？

　　　　 B：有茶吗？

　　　　 A：有，你尝尝中国的乌龙茶。

　　（4）A：家里没什么好吃的，吃点儿水果吧。

　　　　 B：你别客气，我们自己来。

四　家庭作业 Homework

（一）词语　Words and phrases

　　用下列生词至少组成两个短语　Make at least two phrases with each of the following words

　　（1）打：＿＿＿＿　＿＿＿＿　　（2）吹：＿＿＿＿　＿＿＿＿

　　（3）提高：＿＿＿＿　＿＿＿＿　（4）遥远：＿＿＿＿　＿＿＿＿

　　（5）问候：＿＿＿＿　＿＿＿＿　（6）度过：＿＿＿＿　＿＿＿＿

　　（7）美好：＿＿＿＿　＿＿＿＿　（8）不断：＿＿＿＿　＿＿＿＿

（二）阅读　Reading

我永远不会忘记这儿的生活

　　时间过得真快，艾米来中国已经一个月了。

　　艾米在汉语短期班学习。她每周上28节汉语课，除了学习汉语以外，她还参加了中国歌曲学习班。现在她已经会唱好几首中国歌了。每天下午4点,她都去操场打太极拳。虽然天气很热,学习很累,但是,她觉得这儿的生活很有意思。

　　艾米交了几个中国朋友。她经常跟他们一起吃饭、聊天儿,有时候一块儿去公园玩儿。艾米说:"和这些朋友在一起,我就不想家了。我们互相学习,互相帮助,结下了深厚的友谊。我永远不会忘记他们,也永远不会忘记这儿的生活。"

1. 回答问题　　Answer the following questions

(1) 这篇短文的主要意思是什么?(用一个句子表达)

(2) 艾米喜欢这儿的生活吗?哪些句子说明她喜欢?

(3) 艾米想家吗?你怎么知道的?(注意三个词的意思:经常跟他们一起……有时候一块儿去……我就不想家了)

2. 朗读短文　　Read aloud the short passage

(三) 写作　　Writing

阅读下面的文章,然后将其改写成200字的短文。　　Rewrite the following into a short passage of about 200 words.

金汉成

　　金汉成,韩国首尔人。从小就喜欢玩儿,但是人极聪明。可以说,他一边玩儿,一边上完了小学、中学和大学。他很想再读一个博士,或者说是他女朋友想让他读博士,又或者说是他女朋友的妈妈很想让他读博士。他自己是怎么想的呢?没有人知道。但是他现在没有读博士。

　　金汉成没读博士,是因为他的爸爸坚决不同意。金爸爸高中还没有上完就开始帮金汉成的爷爷工作了,那时候他爷爷开了一个小商店,卖一些日常生活用品。后来爷爷身体越来越差,金爸爸就开始当店老板了。没想到金爸爸很会做生意,他的生意越做越大,小商店变成了电器公司,卖各种家用电器。到后来,国产的、进口的、大家电、小家电,什么都有。

金汉成是真的聪明。还是中学生的时候就帮父亲做成了两个生意，这让金爸爸觉得他应该经商。他还向父亲建议，做生意眼睛里不能只有韩国，要有世界。这个建议也使他家的公司很早就通过网络走向了世界，也得到了更多的生意机会。这更让父亲觉得金汉成不应该读博士，应该早一点儿到他的公司上班。

这二三十年来，中国的发展非常快，韩国和中国生意往来很多，生意机会也很多。金爸爸和金汉成都觉得应该在中国开个公司，因为这里市场更大，机会更多。于是，金汉成大学一毕业，金爸爸就让他来中国，先在一年内学好汉语，然后就开始工作。他自己也觉得，以前玩儿得太多了，现在应该改变了，应该用一个新的态度来学习汉语。

来到北京以后，他像换了一个人一样，学习非常努力，常常学习到深夜。他除了上课学习，还自己找了个辅导老师帮助他学习。因为学习太紧张，休息得不够，他病了，头疼，发烧，嗓子也发炎了，一说话就疼。可是他还是每天去上课，他说，他是来学习汉语的，一天也不能耽误。对很多人来说，一年的时间学好汉语可能很难。但是对金汉成，这不是问题。压力就是动力！不到两个月，他的汉语水平就有了很大的提高，已经可以跟中国人说很多话了。

金汉成不是只知道学习的人。他常常和同学、朋友一起聊天儿、吃饭、喝酒、踢球，他觉得和同学们共同学习、共同进步是一件十分快乐的事情。金汉成也是个非常幽默风趣的人，他说，每天那么多事情，那么忙，那么累，开心是一天，不开心也是一天，那我们就应该开心去过每一天。

老　师："金汉成，你来回答。"

金汉成："对不起，我不知道。"

老　师："你不知道为什么还举手呢？"

金汉成："老师，我举手是为了让大家都积极举手回答您的问题。"

老　师："可是你不会就不应该举手啊。"

金汉成："老师，您可以注意一下，我会的时候举的是右手，不会的时候举的是左手。"

老　师："好主意！不过老师可能会忘的。"

这就是金汉成，一个聪明、努力又有意思的人。

五 语法 Grammar

多项定语的排列顺序　The order of multiple attributives in a sentence

多项定语有三种类型：并列关系、递加关系、交错关系。在多项定语中，具有依次递加关系的多项定语最为复杂。这种多项定语的排列顺序一般是：

Multiple attributives can be classified into three types: coordinate relation, progressive relation and cross-relation. Attributives which indicate progressive relation are the most complicated type. Generally, the order of multiple attributives in a sentence is as follows:

领属 lǐngshǔ	指示 zhǐshì	数量 shùliàng	来源 láiyuán	处所 chùsuǒ	状态 zhuàngtài	性质 xìngzhì	中心语 zhōngxīnyǔ
我	那	几件	从商店买来的		很漂亮的	丝绸	上衣
我	这	几本	朋友送的			中文	书
他	那	几个		住九楼的		新	朋友
他	那				高兴的		样儿

其中，表示来源、处所、状态的定语可以前移。例如：

Among them, attributives which indicate source, place or state can be preposed. E.g.:

（1）从商店买来的那几件很漂亮的丝绸上衣

（2）住九楼的那几个新朋友

（3）那几件很漂亮的从商店买来的丝绸上衣

六 注释　Notes

"×年×月×日"的"×"即"某",读为"mǒu",表示某个确定的人、单位或地方等。例如:

The pronunciation of " × " is read as "mǒu", which is to indicate a certain person, unit, or some place, etc. E.g.:

李×、×单位、×市

Glossary 词汇总表

A			
啊	（叹）	à	5
爱好	（名）	àihào	6
爱人	（名）	àiren	2
按	（介）	àn	8
按时	（副）	ànshí	4
按照	（介）	ànzhào	8
B			
把	（量）	bǎ	7
白天	（名）	báitiān	2
白头到老		báitóu-dàolǎo	10
百	（数）	bǎi	2
搬	（动）	bān	7
办公室	（名）	bàngōngshì	8
包	（动）	bāo	5
包裹	（名）	bāoguǒ	5
包装	（名、动）	bāozhuāng	5
报	（名）	bào	5
杯	（量）	bēi	6
北	（名）	běi	1
北方	（名）	běifāng	5
北门	（名）	běimén	1
比	（动）	bǐ	1
笔记本	（名）	bǐjìběn	10
笔记本电脑		bǐjìběn diànnǎo	10
比价	（名）	bǐjià	8
比赛	（动）	bǐsài	1
表演	（动）	biǎoyǎn	9

别的	（代）	biéde	9
玻璃	（名）	bōli	3
不断	（副）	búduàn	10
部分	（名）	bùfen	5
不好意思		bù hǎoyìsi	7
不巧		bù qiǎo	8
C			
擦	（动）	cā	8
参加	（动）	cānjiā	3
餐厅	（名）	cāntīng	6
操场	（名）	cāochǎng	3
查	（动）	chá	7
茶具	（名）	chájù	3
茶叶	（名）	cháyè	3
差	（动）	chà	1
产品	（名）	chǎnpǐn	9
长期	（形）	chángqī	10
场	（名、量）	chǎng	1
超重	（动）	chāozhòng	5
车站	（名）	chēzhàn	3
衬衫	（名）	chènshān	9
成绩	（名）	chéngjì	2
迟到	（动）	chídào	7
充分	（形）	chōngfèn	9
重新	（副）	chóngxīn	5
出版	（动）	chūbǎn	6
出发	（动）	chūfā	1
除了……以外		chúle…yǐwài	10

穿	(动)	chuān	7
窗户	(名)	chuānghu	8
吹	(动)	chuī	10
春季	(名)	chūnjì	2
春天	(名)	chūntiān	2
存	(动)	cún	8

D

打电话		dǎ diànhuà	1
打开	(动)	dǎkāi	5
打篮球		dǎ lánqiú	8
打太极拳		dǎ tàijíquán	10
打折	(动)	dǎzhé	3
大便	(动、名)	dàbiàn	4
大家	(代)	dàjiā	7
耽误	(动)	dānwu	1
单子	(名)	dānzi	8
但	(连)	dàn	10
但是	(连)	dànshì	10
地	(助)	de	10
低	(形)	dī	2
点心	(名)	diǎnxin	6
电话	(名)	diànhuà	1
电脑	(名)	diànnǎo	10
电扇	(名)	diànshàn	4
电视	(名)	diànshì	10
顶	(名)	dǐng	8
定	(动)	dìng	8
东	(名)	dōng	1
东方	(名)	dōngfāng	6
度	(量)	dù	2
度过	(动)	dùguò	10
短	(形)	duǎn	10
短期	(形)	duǎnqī	10
队	(名)	duì	1

对	(动)	duì	1
对面	(名)	duìmiàn	2
兑换	(动)	duìhuàn	8

F

发炎	(动)	fāyán	4
发言	(动、名)	fāyán	7
法律	(名)	fǎlǜ	8
放心	(动)	fàngxīn	1
飞机	(名)	fēijī	4
费	(名)	fèi	5
分	(量)	fēn	1
风	(名)	fēng	4
父亲	(名)	fùqin	2
附件	(名)	fùjiàn	10

G

改变	(动)	gǎibiàn	9
改进	(动)	gǎijìn	7
感冒	(名、动)	gǎnmào	4
干吗	(代)	gànmá	8
高	(形)	gāo	2
告诉	(动)	gàosu	8
歌曲	(名)	gēqǔ	10
共同	(副、形)	gòngtóng	10
够	(动)	gòu	9
古老	(形)	gǔlǎo	6
故事	(名)	gùshi	8
刮风	(动)	guāfēng	4
挂号	(动)	guàhào	5
关心	(动)	guānxīn	7
关注	(动)	guānzhù	3
观众	(名)	guānzhòng	1
规定	(名)	guīdìng	8
国产	(形)	guóchǎn	3

国家	（名）	guójiā	2
H			
海	（名）	hǎi	5
海运	（动）	hǎiyùn	5
汉学	（名）	hànxué	6
行家	（名）	hángjia	3
航空	（动）	hángkōng	5
好像	（副）	hǎoxiàng	6
贺卡	（名）	hèkǎ	5
红茶	（名）	hóngchá	3
后来	（名）	hòulái	8
后年	（名）	hòunián	2
护照	（名）	hùzhào	8
花	（动）	huā	3
滑冰	（动）	huábīng	2
化验	（动）	huàyàn	4
画报	（名）	huàbào	5
还	（动）	huán	8
换	（动）	huàn	8
回	（量）	huí	8
货	（名）	huò	9
J			
机场	（名）	jīchǎng	3
机会	（名）	jīhuì	7
机票	（名）	jīpiào	6
机器	（名）	jīqì	8
积极	（形）	jījí	7
基础	（名）	jīchǔ	8
及格	（动）	jígé	4
集邮	（动）	jíyóu	5
季	（名）	jì	2
季节	（名）	jìjié	2
纪念	（动、名）	jìniàn	5

纪念日	（名）	jìniànrì	10
加强	（动）	jiāqiáng	7
……家		…jiā	6
价	（名）	jià	9
价格	（名）	jiàgé	9
价值	（名）	jiàzhí	9
架	（量）	jià	4
建议	（动）	jiànyì	6
讲	（动）	jiǎng	4
讲台	（名）	jiǎngtái	7
角	（量）	jiǎo	3
叫号	（动）	jiàohào	8
教授	（名）	jiàoshòu	9
节目	（名）	jiémù	9
结	（动）	jié	10
结果	（名）	jiéguǒ	4
结婚	（动）	jiéhūn	6
借	（动）	jiè	6
斤	（量）	jīn	3
金	（名）	jīn	10
金婚	（名）	jīnhūn	10
金子	（名）	jīnzi	10
进口	（动）	jìnkǒu	3
京剧	（名）	jīngjù	8
经常	（副）	jīngcháng	6
经过	（动）	jīngguò	9
警察	（名）	jǐngchá	3
酒	（名）	jiǔ	6
旧	（形）	jiù	4
举	（动）	jǔ	7
举办	（动）	jǔbàn	6
K			
开水	（名）	kāishuǐ	4
开玩笑		kāi wánxiào	6

看来	（动）	kànlái	1
考	（动）	kǎo	4
考试	（动）	kǎoshì	4
可能	（能动、名）	kěnéng	3
刻	（量）	kè	1
空运	（动）	kōngyùn	5
口感	（名）	kǒugǎn	3
裤子	（名）	kùzi	9
夸奖	（动）	kuājiǎng	6
筷子	（名）	kuàizi	8
宽	（形）	kuān	2

L			
来不及	（动）	láibují	8
篮球	（名）	lánqiú	8
浪费	（动）	làngfèi	9
老板	（名）	lǎobǎn	3
厉害	（形）	lìhai	4
连	（动）	lián	10
脸	（名）	liǎn	2
脸色	（名）	liǎnsè	2
量	（动）	liáng	4
两	（量）	liǎng	3
辆	（量）	liàng	6
录音笔	（名）	lùyīnbǐ	4
绿茶	（名）	lǜchá	3

M			
麻烦	（动）	máfan	5
卖	（动）	mài	3
毛	（量）	máo	3
毛衣	（名）	máoyī	6
茅台酒	（名）	máotáijiǔ	6
美好	（形）	měihǎo	10

门口	（名）	ménkǒu	1
们		men	7
迷	（动）	mí	1
……迷		…mí	1
米	（量）	mǐ	2
面包	（名）	miànbāo	6
面料	（名）	miànliào	9
秒	（量）	miǎo	2
名牌儿	（名）	míngpáir	9
明码标价		míngmǎ biāojià	9
明年	（名）	míngnián	2
明信片	（名）	míngxìnpiàn	5
某	（代）	mǒu	9

N			
拿	（动）	ná	3
哪里	（代）	nǎli	5
那	（连）	nà	9
男孩儿	（名）	nánháir	7
南	（名）	nán	1
南门	（名）	nánmén	1
努力	（形）	nǔlì	2
女孩儿	（名）	nǚháir	7
女士	（名）	nǚshì	9

P			
爬	（动）	pá	8
怕	（动）	pà	7
批	（量）	pī	9
皮鞋	（名）	píxié	3
啤酒	（名）	píjiǔ	6
片	（名、量）	piàn	4
骗	（动）	piàn	3
票	（名）	piào	1
瓶	（量）	píng	6

普洱茶	（名）	pǔ'ěrchá	3
Q			
妻子	（名）	qīzi	6
奇怪	（形）	qíguài	3
起床	（动）	qǐchuáng	1
气温	（名）	qìwēn	2
千	（数）	qiān	2
签字	（动）	qiānzì	8
前年	（名）	qiánnián	2
桥	（名）	qiáo	7
瞧	（动）	qiáo	3
亲爱	（形）	qīn'ài	6
情人	（名）	qíngrén	6
晴	（形）	qíng	2
请假	（动）	qǐngjià	7
庆祝	（动）	qìngzhù	6
秋季	（名）	qiūjì	2
秋天	（名）	qiūtiān	2
球	（名）	qiú	1
取	（动）	qǔ	6
取得	（动）	qǔdé	7
去年	（名）	qùnián	2
拳	（名）	quán	10
缺	（动）	quē	4
裙子	（名）	qúnzi	9
R			
然后	（连）	ránhòu	8
热情	（形）	rèqíng	3
人们	（名）	rénmen	4
认真	（形）	rènzhēn	7
日历	（名）	rìlì	2
S			
赛	（动）	sài	1
散步	（动）	sànbù	2
色	（名）	sè	2
沙发	（名）	shāfā	7
商场	（名）	shāngchǎng	9
商量	（动）	shāngliang	8
上网	（动）	shàngwǎng	10
上衣	（名）	shàngyī	9
摄氏度	（量）	shèshìdù	2
身上	（名）	shēnshang	9
深厚	（形）	shēnhòu	10
生产	（动）	shēngchǎn	9
生意	（名）	shēngyi	2
师傅	（名）	shīfu	9
十分	（副）	shífēn	9
时光	（名）	shíguāng	10
使	（动）	shǐ	6
世上	（名）	shìshàng	10
市场	（名）	shìchǎng	3
事情	（名）	shìqing	8
视频	（名）	shìpín	10
收	（动）	shōu	6
收据	（名）	shōujù	5
手提电脑		shǒutí diànnǎo	10
首	（量）	shǒu	10
受	（动）	shòu	9
售货员	（名）	shòuhuòyuán	9
书柜	（名）	shūguì	7
书桌	（名）	shūzhuō	7
水平	（名）	shuǐpíng	5
睡觉	（动）	shuìjiào	1
丝绸	（名）	sīchóu	9
私人	（名）	sīrén	8
虽然	（连）	suīrán	10
所	（量）	suǒ	6

		T	
台	(量)	tái	8
太极拳	(名)	tàijíquán	10
太太	(名)	tàitai	9
态度	(名)	tàidu	9
讨价还价		tǎojià-huánjià	9
套	(量)	tào	3
踢	(动)	tī	1
提	(动)	tí	7
提高	(动)	tígāo	10
体育	(名)	tǐyù	1
体育场	(名)	tǐyùchǎng	1
填	(动)	tián	8
挑	(动)	tiāo	9
条件	(名)	tiáojiàn	10
跳舞	(动)	tiàowǔ	3
贴	(动)	tiē	5
厅	(名)	tīng	6
……通		…tōng	5
同意	(动)	tóngyì	6

		W	
袜子	(名)	wàzi	6
外币	(名)	wàibì	8
外国	(名)	wàiguó	6
外套	(名)	wàitào	9
丸	(名、量)	wán	4
丸药	(名)	wányào	4
完成	(动)	wánchéng	7
玩笑	(名)	wánxiào	6
晚	(形)	wǎn	7
晚饭	(名)	wǎnfàn	1
网	(名)	wǎng	3
网吧	(名)	wǎngbā	10

网购	(动)	wǎnggòu	3
往	(介)	wǎng	5
忘	(动)	wàng	6
忘记	(动)	wàngjì	6
微	(形)	wēi	10
微风	(名)	wēifēng	10
微信	(名)	wēixìn	3
味道	(名)	wèidao	3
喂	(叹)	wèi	1
文件	(名)	wénjiàn	8
文学	(名)	wénxué	5
问候	(动)	wènhòu	10
握	(动)	wò	5
屋	(名)	wū	7
屋子	(名)	wūzi	7
午饭	(名)	wǔfàn	1

		X	
西	(名)	xī	1
西餐	(名)	xīcān	5
西方	(名)	xīfāng	6
西服	(名)	xīfú	9
西药	(名)	xīyào	4
希望	(动)	xīwàng	7
洗衣店	(名)	xǐyīdiàn	3
洗澡	(动)	xǐzǎo	10
先	(副)	xiān	6
相	(副)	xiāng	10
相当	(副)	xiāngdāng	9
相亲相爱		xiāngqīn-xiāng'ài	10
向	(介)	xiàng	7
像	(动)	xiàng	6
小便	(动、名)	xiǎobiàn	4
小说	(名)	xiǎoshuō	3

鞋	(名)	xié	3
血	(名)	xiě	4
雪	(名)	xuě	2
血压	(名)	xuèyā	4
训练	(动)	xùnliàn	7
Y			
严格	(形)	yángé	7
颜色	(名)	yánsè	9
样子	(名)	yàngzi	9
要求	(名)	yāoqiú	7
遥远	(形)	yáoyuǎn	10
药方	(名)	yàofāng	4
药片儿	(名)	yàopiànr	4
要紧	(形)	yàojǐn	4
页	(量)	yè	5
夜	(名)	yè	4
夜间	(名)	yèjiān	2
夜里	(名)	yèli	4
一……就……		yī…jiù…	4
衣柜	(名)	yīguì	7
一半儿	(数)	yíbànr	4
一会儿	(数量)	yíhuìr	8
以前	(名)	yǐqián	1
椅子	(名)	yǐzi	7
一生	(名)	yìshēng	5
亿	(数)	yì	2
意见	(名)	yìjiàn	7
因为	(连)	yīnwei	4
阴	(形)	yīn	2
音频	(名)	yīnpín	10
银	(名)	yín	10
银行	(名)	yínháng	8

银婚	(名)	yínhūn	10
银子	(名)	yínzi	10
应该	(能动)	yīnggāi	5
用功	(形)	yònggōng	4
优盘	(名)	yōupán	4
邮费	(名)	yóufèi	5
邮局	(名)	yóujú	5
邮票	(名)	yóupiào	5
游泳	(动)	yóuyǒng	2
友谊	(名)	yǒuyì	1
有时	(副)	yǒushí	7
有时候	(副)	yǒushíhou	7
有用	(形)	yǒuyòng	3
又……又……		yòu…yòu…	3
于是	(连)	yúshì	9
雨	(名)	yǔ	2
语伴儿	(名)	yǔbànr	8
预报	(名)	yùbào	2
……员		…yuán	9
愿	(能动)	yuàn	10
愿意	(能动)	yuànyì	3
月	(名)	yuè	2
阅读	(动)	yuèdú	8
阅览室	(名)	yuèlǎnshì	3
云	(名)	yún	2
运	(动)	yùn	5
Z			
杂志	(名)	zázhì	5
咱们	(代)	zánmen	1
早饭	(名)	zǎofàn	1
早上	(名)	zǎoshang	1
怎么回事		zěnme huí shì	8
丈夫	(名)	zhàngfu	6

着	(动)	zháo	4
照顾	(动)	zhàogù	9
照片	(名)	zhàopiàn	6
这里	(代)	zhèli	10
这些	(代)	zhèxiē	3
着	(助)	zhe	5
阵	(量)	zhèn	10
值得	(动)	zhíde	6
只是	(连)	zhǐshì	7
只要……就……		zhǐyào…jiù…	5
只有	(连)	zhǐyǒu	10
纸	(名)	zhǐ	8
质量	(名)	zhìliàng	9
中	(形)	zhōng	2
中餐	(名)	zhōngcān	5

中午	(名)	zhōngwǔ	1
中药	(名)	zhōngyào	4
钟	(名)	zhōng	1
重	(形)	zhòng	5
重量	(名)	zhòngliàng	5
周到	(形)	zhōudào	6
主席	(名)	zhǔxí	9
主席台	(名)	zhǔxítái	9
专门	(副、形)	zhuānmén	5
专心	(形)	zhuānxīn	6
转	(动)	zhuǎn	2
自由	(形)	zìyóu	2
自由泳	(名)	zìyóuyǒng	2
字	(名)	zì	2
足球	(名)	zúqiú	1

专名　**Proper nouns**

B		
北海	Běihǎi	7
D		
大连	Dàlián	1
G		
高	Gāo	4
广州	Guǎngzhōu	1
H		
杭州	Hángzhōu	1
怀特	Huáitè	6
L		
刘	Liú	4

M		
玛丽	Mǎlì	6
N		
南京	Nánjīng	1
Q		
钱	Qián	9
青岛	Qīngdǎo	1
S		
苏州	Sūzhōu	9
孙	Sūn	9
T		
天津	Tiānjīn	1

W		
吴	Wú	9
X		
西安	Xī'ān	1
香山	Xiāng Shān	6
Y		
颐和园	Yíhé Yuán	7

Z		
郑	Zhèng	9
《中国文化研究》	《Zhōngguó Wénhuà Yánjiū》	6
周	Zhōu	9

Key to exercises and homework
课堂练习和家庭作业参考答案

第一课

三、课堂练习

（二）词语

2. 选择正确的汉字填空

(1) 我想<u>请</u>你跟我一起去商店。

(2) 对不起，我没说<u>清</u>楚。

(3) 我介绍一下学习情<u>况</u>。

(4) 我喜欢看足球<u>比</u>赛。

(5) 方云天在体育场<u>北</u>门找到了大内上子。

(6) 请问，现在<u>几</u>点？

(7) 王老师有一个<u>儿</u>子，两个女<u>儿</u>。

(8) 我们班有<u>九</u>个学生。

四、家庭作业

（一）词语

2. 判别正误（对的画"√"，错的画"×"）

(1)（×）　(2)（×）　(3)（√）　(4)（√）

(5)（×）

（二）阅读

1. 选择正确答案

(1) C　(2) A　(3) D

第二课

三、课堂练习

  （二）词语

    2. 从本课生词表中选择恰当的词语填空

     （1）小王病了，他<u>脸色</u>不太好。

     （2）我每天晚饭以后去<u>散步</u>。

     （3）我们学校的<u>对面</u>有一家大商店。

     （4）夏天贝拉常常去<u>游泳</u>。

     （5）我常常听天气<u>预报</u>。

     （6）今天的最高<u>气温</u>是34度。

     （7）彼得的父亲是做汽车<u>生意</u>的。

     （8）我们班山本正的学习<u>成绩</u>最好。

     （9）我们<u>努力</u>学习汉语。

     （10）人民喜欢<u>自由</u>和幸福的生活。

     （11）这个城市一年有四个<u>季节</u>：春天、夏天、秋天和冬天。

四、家庭作业

  （一）词语

    2. 连线

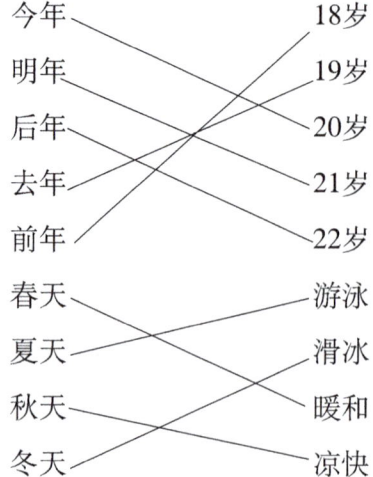

3. 选词填空

(1) C (2) D (3) A (4) A

第三课

三、课堂练习

（二）词语

2. 从本课生词表中选择恰当的词语填空

(1) 他常常在<u>网</u>上买书。

(2) 我对同学、朋友很<u>热情</u>。

(3) 他的汉语<u>发音</u>有点儿奇怪。

(4) 这些都是日本<u>进口</u>的汽车。

(5) 这不是乌龙茶，<u>是红茶（绿茶、普洱茶）</u>。

(6) 我每天下午四点去<u>操场</u>踢足球。

(7) 你常去<u>阅览室</u>看书吗？

(8) 昨天我在自由<u>市场</u>买东西，有个人想<u>骗</u>我。

(9) 丁兰是买东西的<u>行家</u>。

(10) 这件衣服<u>打折</u>以后是70块钱。

(11) 你想<u>参加</u>今天的晚会吗？

(12) 他们都愿意买<u>国产（进口）</u>皮鞋。

(13) 这是<u>国产（进口）</u>咖啡，<u>味道</u>不错。

(14) 我不会<u>跳舞</u>，你教我<u>跳舞</u>，好吗？

(15) 这些生词很<u>有用</u>。

3. 判断词语的位置

(1) B (2) D (3) C (4) B

(5) D (6) C (7) A (8) C

（三）句型

2. 把下列肯定句改成否定句

(1) 大内没去自由市场。

(2) 彼得没去阅览室。

(3) 艾米没做完练习。

(4) 贝拉没翻译完这篇文章。

(5) 方云天没回家。

(6) 王欢没下班。

(7) 山本正不喜欢夏天。

(8) 金汉成不愿意帮助王才。

四、家庭作业
  （二）阅读

    1. 填空

    （1）B　（2）A　（3）A　（4）D　（5）B
    （6）C　（7）D　（8）C　（9）B　（10）B

第四课

三、课堂练习
  （二）词语

    2. 从本课生词表中选择恰当的词语填空

    （1）我的嗓子<u>发炎</u>了，疼得很<u>厉害</u>。

    （2）我得走了，我有<u>要紧</u>的事儿。

    （3）我感冒了，今天<u>中午</u>开始头疼、咳嗽、发烧。

    （4）我坐<u>飞机</u>去广州。

    （5）我不喝别的饮料，只喝<u>开水</u>。

    （6）今天的练习我做了<u>一半儿</u>。

    （7）这是你的药，有<u>中药</u>也有<u>西药</u>。

    （8）大夫<u>化验</u>完了，这是<u>化验</u>结果。

    （9）你找<u>着</u>你的手表了吗?

    （10）北京是一个<u>缺</u>水的城市。

(11）大夫，你给我量一下体温吧。

(12）我昨天没来上课，因为我感冒了。

(13）我每天晚上复习旧课，预习新课。

(14）明天的考试你准备好了吗？

(15）他学习太不用功了，考试一定会不及格的。

(16）以前我的血压有点儿高，今天您再给我量量吧。

(三) 句型

2. 连线

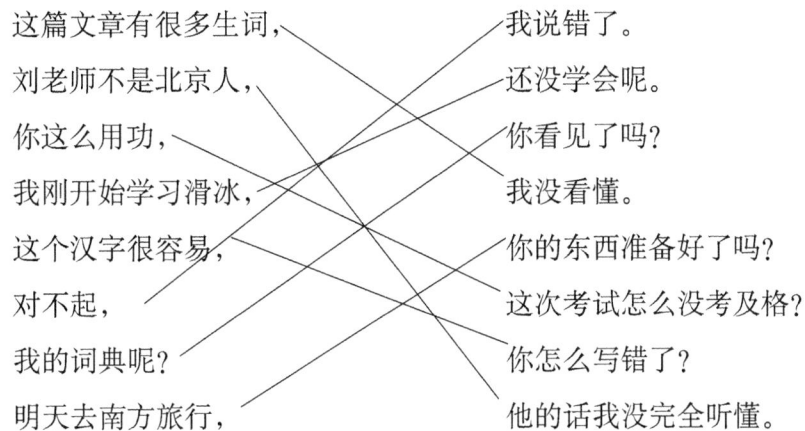

3. 选择适当的词语完成对话

听　听见

(1) A：你去哪儿？

B：我去教室听录音。

(2) A：听，有人敲门。

B：我怎么没听见。

(3) A：有人喊你，你听见了没有？

B：我没听见。我出去看看吧。

(4) A：听，外边刮风了，你听见了吗？

B：我早就听见了。

(5) A：你喜欢听故事吗？

B：我特别喜欢听故事。

看　　看见

(1) A：你去哪儿?

　　B：我去看电影。

(2) A：山本和大内呢? 你看见了吗?

　　B：我没看见他们。

(3) A：高老师呢?

　　B：我看见他去办公室了。

(4) A：看，天上有一架飞机。

　　B：在哪儿，我怎么没看见?

　　A：你看那儿!

　　B：啊，我看见了。

(5) A：你常看足球比赛吗?

　　B：不常看。

四、家庭作业

(一) 词语

2. 用"一……就……"改写句子

(1) 我一下课就去食堂。

(2) 一到冬天我就感冒。

(3) 一到北京我就去看朋友。

(4) 我一复习完课文就去做练习。

(5) 你一来，她的病就好了一半儿。

(6) 一到中国就给我写信。

3. 判断词语的位置

(1) C　(2) A　(3) D　(4) D

(5) C　(6) D　(7) A　(8) D

(二) 阅读

1. 填空

(1) B　(2) D　(3) C　(4) C　(5) A　(6) B

(7) A (8) C (9) B (10) A (11) D (12) C
(13) A (14) D

第五课

三、课堂练习
  （二）词语

    2. 从本课生词表中选择恰当的词语填空

      （1）请你们<u>打开</u>书，看第76<u>页</u>。

      （2）我要<u>往</u>上海寄一件<u>包裹</u>。

      （3）山本正的父亲<u>专门</u>研究中国的历史和文化，是个中国<u>通</u>。

      （4）白老师的英语<u>水平</u>很高。

      （5）这些<u>邮票</u>真漂亮，我买4套。

      （6）学校里边有一个<u>邮局</u>，我常常去那儿寄信。

      （7）这封信<u>超重</u>了，<u>应该</u>再贴5毛钱的邮票。

      （8）<u>海运</u>邮费便宜，可是太慢了，还是<u>空运</u>吧。

      （9）<u>麻烦</u>你帮我收拾一下房间。

      （10）这个房间打扫得不干净，得<u>重新</u>打扫一下。

      （11）晚饭以后，我一边看<u>画报／报</u>，一边听音乐。

      （12）他<u>握</u>着我的手说："欢迎，欢迎！"

      （13）我<u>一生</u>最大的兴趣是看足球比赛。

      （14）小张是<u>北方</u>人，他爱人是南方人。

      （15）我们班一部分人喜欢吃<u>中</u>餐，一部分人喜欢吃<u>西</u>餐。

四、家庭作业
  （一）词语

    2. 判断词语的位置

      （1）C （2）C （3）A （4）B （5）B （6）D

（二）阅读

    1. 选择正确答案

       （1）C   （2）D

第六课

三、课堂练习

  （二）词语

    2. 从本课生词表中选择恰当的词语填空

      （1）妈妈寄来一个包裹，我去邮局<u>取</u>包裹。

      （2）你<u>收</u>到山本正寄来的信没有？

      （3）你喝什么酒？<u>啤酒</u>还是茅台酒？

      （4）那个电影非常有意思，很<u>值得</u>看。

      （5）那本小说非常有意思，<u>值得</u>一看。

      （6）这本词典是新<u>出版</u>的。

      （7）12月31日学校举办一个晚会<u>庆祝</u>新年。

      （8）老师常常<u>夸奖</u>我们。

      （9）彼得的<u>爱好</u>是看电影，他每个星期最少看两次。

      （10）我们永远不会<u>忘记</u>在北京的生活。

      （11）艾米的爸爸专门研究中国的历史和文化，是个<u>汉学家</u>。

      （12）我<u>建议</u>这个星期天咱们去香山。你们<u>同意</u>吗？

  （三）模仿造句

    2. 改写句子，把下列句中的"明天"换成"昨天"

      （1）新杂志昨天出版了。

      （2）我们班的同学昨天都去看方老师了。

      （3）昨天彼得没去赵林家。

      （4）我昨天去书店买了一本《汉英词典》。

      （5）艾米昨天去邮局取了一件包裹。

      （6）昨天我和方云天去自由市场买水果了。

(7) 昨天我没去图书馆借书。

(8) 山本正昨天参加了一场足球比赛。

(9) 昨天我们为大内举办了一个生日晚会。

(10) 我昨天在宿舍翻译了一篇文章。

四、家庭作业
  (一) 词语
    2. 判断词语的位置
    (1) A　(2) C　(3) C　(4) D　(5) C　(6) B
    (7) B　(8) A　(9) B　(10) B　(11) C　(12) D

第七课

三、课堂练习
  (二) 词语
    2. 从本课生词表中选择恰当的词语填空
    (1) 你的宿舍里有几<u>把</u>椅子？
    (2) 我很高兴有<u>机会</u>来中国学习。
    (3) 我们班的同学互相<u>关</u>心，互相帮助，跟一家人一样。
    (4) 方老师对我们要求很<u>严格</u>。
    (5) 你怎么<u>穿</u>这么多衣服？
    (6) 上课的时候我们<u>积极</u>回答问题，加强听和说的<u>训练</u>。
    (7) 贝拉回答错了，她有点儿<u>不好意思</u>。
    (8) 同学们<u>提</u>了很多好的意见和建议。
    (9) 你会<u>查</u>汉语词典吗？
    (10) 你今天怎么来<u>晚</u>了？以后不能<u>迟到</u>。
    (11) 为什么<u>搬</u>来这么多椅子？
    (12) 她从<u>桥</u>上过来了。
    (13) 我昨天没去上课，忘了向老师请假了。

(14) 祝你考试<u>取得</u>好成绩。

(15) 哪位回答？请<u>举</u>手。

(16) 小张学习不努力，常常不<u>完成</u>作业。

(17) 他的学习方法不太好，应该<u>改进</u>。

(18) 现在开始自由<u>发言</u>，谁先说？

(19) 很多同学<u>怕</u>考试，可是我不<u>怕</u>。

(三) 句型

2. 完成句子，说出说话人和听话人在哪儿

   (1) 这儿好看极了，你快<u>上来</u>吧。（上来）［说话人在上面，听话人在下面］

   (2) 这儿好看极了，你快<u>下来</u>吧。（下来）［说话人在下面，听话人在上面］

   (3) 这儿好看极了，你快<u>进来</u>吧。（进来）［说话人在里面，听话人在外面］

   (4) 这儿好看极了，你快<u>出来</u>吧。（出来）［说话人在外面，听话人在里面］

   (5) 这儿好看极了，你快<u>过来</u>吧。（过来）［说话人在这面，听话人在那面］

   (6) 丁兰叫你呢，你快<u>上去</u>吧。（上去）［说话人在下面，听话人在下面］

   (7) 丁兰叫你呢，你快<u>下去</u>吧。（下去）［说话人在上面，听话人在上面］

   (8) 丁兰叫你呢，你快<u>进去</u>吧。（进去）［说话人在外面，听话人在外面］

   (9) 丁兰叫你呢，你快<u>出去</u>吧。（出去）［说话人在里面，听话人在里面］

   (10) 丁兰叫你呢，你快<u>过去</u>吧。（过去）［说话人在这面，听话人也在这面］

四、家庭作业
   （二）阅读
      1. 选择正确答案
      （1）A　（2）B　（3）D

第八课

三、课堂练习
   （二）词语
      2. 从本课生词表中选择恰当的词语填空
      （1）今天日元对人民币的<u>比价</u>是多少？
      （2）我先去<u>银行</u>换钱，<u>然后</u>去商店买东西。
      （3）他在医院看病等<u>叫号</u>等了一个多小时。
      （4）星期日去哪儿玩儿，你拿<u>定主意</u>了吗？
      （5）他的手机里<u>存</u>着很多好听的音乐。
      （6）你会用中文填这张<u>单子</u>吗？
      （7）下课以后白老师回<u>办公室</u>去了。
      （8）今天下午中国学生跟韩国学生比赛<u>篮球</u>。
      （9）这件事情别<u>告诉</u>她。
      （10）<u>按照</u>学校的<u>规定</u>，每个学生都应该参加考试。
      （11）他2000年到2003年在日本，<u>后来（然后）</u>又去美国工作了两年。
      （12）你来找我有什么<u>事情</u>？
      （13）按中国人的习惯，用<u>筷子</u>吃饭。
      （14）我累了，咱们休息<u>一会儿</u>吧。
      （15）小王，上午收到的那个<u>文件</u>你<u>存</u>在哪儿了？
   （三）句型
      2. 把下列词语连成句子
      （1）他京剧唱得很好。

(2) 白老师黑板擦得很干净。

(3) 贝拉单子填错了。/（贝拉填错了单子。）

(4) 大内房间打扫得很干净。

(5) 我生词没记住。/（我没记住生词。）

(6) 艾米电话没打通。/（艾米没打通电话。）

(7) 金汉成笔试考得不太好。

(8) 方老师语法讲得特别清楚。

(9) 山本刚走进了图书馆。

(10) 丁兰从邮局取回了她的包裹。

四、家庭作业

(二) 阅读

1. 判别正误

(1) ×　(2) ×　(3) ✓　(4) ×

(5) ×　(6) ✓　(7) ✓　(8) ✓

第九课

三、课堂练习

(二) 词语

从本课生词表中选择恰当的词语填空

(1) 昨天贝拉买了两米<u>丝绸</u>，她要做一条<u>裙子</u>。

(2) 这种鞋是上海的名牌儿<u>产品</u>。

(3) 在大商场买东西不能<u>讨价还价</u>。

(4) 那家水果店的水果<u>价格</u>比较便宜，<u>质量</u>也不错。

(5) 这件<u>上衣（衬衫）</u>不大不小，很合适。

(6) 我不知道哪种<u>颜色（质量）</u>好，请你帮我<u>挑</u>一件，好吗？

(7) 王才今天穿着一套新<u>西服</u>。

(8) 贝拉昨天同意表演汉语节目，今天又说不同意，她改变主意了。

(9) 我做一条裙子（裤子），买一米二够吗？

(10) 这个城市缺水，请不要浪费水。

(11) 俗话说，便宜没好货，好货不便宜。

(12) 经过一个多月的学习，我们的汉语水平提高了很多。

(13) 在自由市场买东西，你会受骗吗？

(三) 句型

2. 把下列句中的宾语放在"来／去"之后

(1) 小张买回来一瓶茅台酒。

(2) 艾米给爸爸寄回去一个包裹。

(3) 丁兰从钱包里拿出来100块钱。

(4) 于文从外边带进来一个孩子。

(5) 王才从教室里搬出去两把椅子。

(6) 方云天从学校带回去一个足球。

(7) 方龙从楼下拿上来两瓶饮料。

(8) 王欢给我送过来一封信。

四、家庭作业

(一) 词语

2. 判断词语的位置

(1) C　(2) D　(3) D　(4) B　(5) C　(6) D　(7) B

(二) 阅读

1. 判别正误

(1) ×　(2) ✓　(3) ×　(4) ✓　(5) ×

第十课

三、课堂练习

　　（二）词语

　　　　2. 从本课生词表中选择恰当的词语填空

　　　　　　（1）明天是我爸爸和妈妈的银婚纪念日。

　　　　　　（2）明天是我爷爷和奶奶的金婚纪念日。

　　　　　　（3）你喜欢听中国歌曲还是外国歌曲？

　　　　　　（4）我永远不会忘记在中国度过的美好时光。

　　　　　　（5）你会唱《世上只有妈妈好》这首歌吗？

　　　　　　（6）运动员只有努力训练，才能有好成绩。

　　　　　　（7）愿这首歌带去我对您的问候。

　　　　　　（8）今年春天她离开爸爸妈妈，来到遥远的中国。

　　　　　　（9）我收到你的邮件了，不过第二个附件打不开。

　　　　　　（10）我今年在短期班学习，明年去长期班。

　　　　　　（11）在大学学习的时候，他们结下了深厚的友谊。

　　　　　　（12）我们学校旁边有一个网吧，我常常去那儿上网。

　　　　　　（13）上课的时候多练习口语是我们共同的要求。

　　　　　　（14）我们应该努力提高汉语水平。

　　　　　　（15）愿你们的心永远连在一起，相亲相爱，白头到老。

　　　　　　（16）我每天早上在操场打太极拳。

Index of grammar (Volume 2—Volume 3)
语法索引（第2册—第3册）

B	百以内称数法	2-2		
C	程度补语（1）	3-3	存在句（1）	2-8
D	"的"字结构	2-7	动态助词"了₂"（1）	3-3
	动词重叠（1）	2-9	动态助词"了₂"（2）	3-4
	动量补语（1）	2-7	短语的类型	2-10
	动态助词"了₁"（1）	3-6	多项定语的排列顺序	3-10
F	方位表达法	2-8		
J	结构助词"的"	2-4	句子成分	2-5
	结构助词"得"	2-6	句子的语用类型	3-5
	结果补语（1）	3-4		
L	领有句	2-2		
M	名词谓语句（1）	3-1		
Q	钱数表达法	3-3	趋向补语（3）	3-8
	趋向补语（1）	3-6	趋向补语（4）	3-9
	趋向补语（2）	3-7		
R	日期表达法	3-2		
S	"是"字句	2-1	是非疑问句（1）	2-1
	时量补语（1）	3-8	是非疑问句（2）	3-2
T	特指疑问句	2-2		
X	形容词谓语句	2-3	选择疑问句	2-4
Y	一百以上的称数法	3-2	用"呢"的省略疑问句	3-1
	意义上的被动句	2-6	语气助词"了"	2-8
	隐现句	3-7		
Z	正反疑问句（1）	2-3	主谓谓语句（2）	3-8
	正反疑问句（2）	2-9	主谓谓语句（3）	3-9
	钟点表达法	3-1	状态补语（1）	2-6
	主谓谓语句（1）	3-2		